作者在富士山上九一色村採訪奧姆
真理教大本營，背景為第七道場，
右側為沙林製造工場—1995.5.17

作者（中）與中央日報總編輯、
副總編輯、採訪主任、副刊主編
同寅合影—1992.8.13

第二屆亞華作家會議參拜菲律賓
獨立紀念碑—1990.11（左為團長
陳紀瀅先生，右為日本代表齊濤）

第一次世界華文作家會議在臺北圓山飯店—1992.11（左為作者齊濤，右三為前副總統李元簇先生）

第三屆亞華作家會議在曼谷—1994.12

前駐日代表許水德先生於任內代頒僑委會顧問證書—1992.5

作者在北京天壇

—1989.12

作者在太湖畔古廟

—1989.12

作者與總統府祕書長黃昆輝先生，
國統委員李海天先生等在日清講和
紀念館—1994.10

作者離開臺銀研究室
赴日當時—1974

三民叢刊164

日本原形

齊濤著

三民書局印行

序——日本的這個那個

齊濤

《日本原形》的出版，要感謝很多朋友的協助和支持。這些題材，是由「日本的這個那個」寫起的，它是由「中副」主編梅新先生出的點子，並時常催稿，說讀者有反映，不能停下來讓她(他)們失望。就是這樣，年來積有相當篇幅，現在把它改題為《日本原形》問世，飲水思源，要對「中副」的編者表示謝意。

在這過程，給我幫助最大、指導最多的，是日本僑領、世華銀行常務董事、國統委員李海天先生，他不但對我提供了良好寫作環境，而且給我許多物質和精神上的支持，這種友誼，使我永遠無法忘懷。

此外三民書局劉董事長，對我每一提起要出書的事，就片言立決，這樣風範，在文化界令人起敬，更不說編輯部門的認真與有效率的處理拙稿，這些都使我非常感動！

日本的這個那個——原形，範圍很廣，十個人十年寫不完，正因如此，不能沒有選擇。

第一，是選人們不大知道的那些；第二，是選可以藉此認識日本真相的那些；第三，是選沒有時間性、表面性的那些。對於這些題材的寫作，我是把再嚴肅與生硬的東西，也使它活性化、文學化的灑在紙上，是寫實的沒有半點打高空，更無偏見或情緒問題存在，因為都有資料在手，可以支持我每句話的存在。

瞭解日本，是個較難的問題，因為它有表裏的兩面。外在的一見便知，內在的要相當研究，我對《日本原形》的探索，祇是踏出第一步而已。

人們常說「日本有島國心態」，但是世界島國太多，英國、菲律賓都是，他們為何沒有「島國心態」呢？答案必然是很複雜的涉及到歷史和文化以及社會的結構等許多層面。日本也有相當好的地方，諸如清潔、勤勉、有秩序，但光知道這些不行，還要追問一下，為何他們能夠如此？這裡必有原因，絕對不是天降斯民就給了這種造化的。所以，對每個問題要挖到一定深度，才能明白，才算瞭解。

日本，有許多國家所沒有的那種特徵，在非常先進的反面，有極保守的性格。後者例如夫妻必須同姓問題，在國會想要改革為男女自由使用原有姓名，卻是爭論很久也無法通過。往往好說這是新潮和古意在對立之中並存。日本的兩極性有說不完的那樣多。通常是目標遠大，心眼很小；又敏感性特高，卻是能見度較低。例如，說開戰就開戰，但是勝敗不知道。對任何事都用心很深，而拿出來的謀略很淺。在這兩極性格中，日本有過大起大落的成功和失敗。成功的原因在於團隊精神的激發，失敗的結果在於「知進不知退」（日皇給皇太子的信中所說），因為日本沒有「適可而止」的那種中庸之道的哲學。

但無論怎樣說，日本是個先進的國家，則無可否認。雖然現在處在大轉變期中，將來要走的道路難卜，卻是日本和中國大陸之間將成「天敵」的形勢，已從各種角度顯現了出來。日本的最大本錢，是有能力把人排起隊來，把事排起隊來，前者是力量的源泉，後者是目標的設定和執行。由於日本有這兩種能力，常能出人意表的，做出一般認為辦不到的事。

最後，對這本小冊子的出版，再謝謝對我關懷的朋友，並請各前輩給予指教，是所期盼。

著者，一九九七年七月一日於東京

日本原形

【目次】

日本人的心

日本人的心之成為話題，不是作者有意見，是日本學者不斷地有過檢討，當然說法並不相同。

我曾長期思索過日本人的心，但是總像隔著一層紗，模糊地看不透它到底是怎樣一個構成。因為日本人也有笑有哭，而且說笑就笑，說哭就哭——一場球賽，輸了的一隊，不但球員哭，啦啦隊哭，連看臺上的男女同學，也鼻涕一把淚一把的，感情豐富得不得了。可是，前幾天（九月六日），我在電視上看到了，新聞也報導了：有「中國殘留婦人」十二人回到日本，在成田空港，坐在椅子上度夜，無人認領，沒有去處。這些婦女，有的已經八十歲，年輕的也五六十歲，是日本佔領中國東北時，由日本派去的開拓團員的妻子，她們是跟著日本侵略政策前進的一群。在日本戰敗後，關東軍撤退時，不負責任的把她們丟在中國了，大多和中國人成婚，度過了艱難歲月。她們，基本上是日本人，是因戰爭被遺棄的棄民，可是她們在有生之年，不忘她們的祖國日本，所以不顧一切的回來了，是不合法的「強行歸國」。

為什麼「強行歸國」呢？因為日本規定，非有親族的同意和撫養，不准歸國。可是，有的情形是，親族早在戰場上戰死了；有的雖然親族活在日本，卻是不願承認與負擔這個由海外歸來，已無生產力婦女的生活。因此遺留在中國大陸的這類婦女還有幾千人。

不僅如此，在大陸還有若干孤兒，也是日本在戰敗時落荒而逃，不及帶走的日本兒童。他們吃中國糧食長大了，也想起經濟發展的祖國日本，都要回來。可是日本，既要血統證據，又要親人認領，把他們折騰回日本調查，名之為「中國孤兒」，這些人在開麥拉前放聲大哭，說爹呀！媽呀！你來認認我吧！最後又都裝車送回中國，留下來被認領的是一部份，這些哭電視的「日本孤兒」，沒人管，留下來的也有因不能生活走上自殺之路的。這樣事情，在日本，無人不知，無人不曉，卻是得不到什麼同情，奇怪？雖然日本有個厚生省，是管這類事情的。

所以，日本人的心，不易瞭解。

最近，我在翻閱我的資料中，赫然發現，當年派遣到中國東北從事開拓的這群人，在日本是屬「部落」族（在不完整的記錄上有數十戶）。日本的「部落」族，是嚴重受差別待遇的，不准置產，不准和「部落」以外通婚的賤民，古稱「穢多」❶，他們曾長年努力「脫賤」，可是很不容易。

日本人的心是怎麼構成的？有些著作，把它演繹太廣，還有說介乎於神和佛之間，來加以美化的（NHK在九〇年八月十七、十八兩日，搞過「日本人的心」特輯），這些，大多文不對題，不怎麼客觀。在這方面，有位劇作家山田太一先生，他以「凝視日本人心底，潛伏著的憂鬱」為題，發表一篇佳作，論列得十分恰當。他說：「在日本過普通日子，也有強烈的壓迫感。與周圍作任何不同的訴求，都是不可能的；通常人們把與眾不同的特點隱藏起來，因為『個性』在日本是不被看中與不允許的。」由這幾句話，可以看出來，日本人的心，沒有真心。

還有，作者說：「日本的歌謠曲，差不多都是悲調的，當歌手上臺哀哀低訴時，立刻會引起聽眾的共鳴，這是因為每個人都有說不出的那種苦楚，隨著淒慘的歌聲，不覺的把感情

❶ 註：「穢多」有兩種說法，一是在兩千年前，由朝鮮半島咸鏡北道渡海來到日本的濊貊中的濊族。二是在日本古代從事剝馬皮、豬皮工作的，也是「賤民」的一種。在平安時代，日本人口是六百萬，其中賤民有六十萬人，以占百分之十推算，現在日本約有一千萬人，是「賤民」後代（據小林茂著《被差別部落之歷史》）。

洩露了出來。」這話，有沒有道理，你不妨去聽聽日本的歌謠曲，然後再看看聽眾的表情，對理解日本人的心，會有很大幫助。

關於日本人的心，我必須長話短說。在我的觀察裏，日本人有四種心。

一是「虛心」——不以自己的意見為意見，看團體怎麼表現。表面上是老實和不越軌。

二是「戒心」——對來自周圍的言動，戒備。你對日本人說一大套，他說「ＳＯ！」不加可否。

三是「匠心」——對事，他像木匠、鐵匠那樣往前鑽研，有規有矩的拼！在任何職種，都有很專的本領。會做事，能做事，效率驚人。

四是「狠心」——一旦出頭了，就來個泰山壓頂，在上下之間，他能管轄到的，就威風凜凜的拿出「殘虐」「逞能」態度，來行使力量。紀律，也是由這裏產生的。

以上這四種心，在其他國家民族也有，但是不如日本普遍、強烈。

由於日本人的心是這樣，發生的事件和表現手法也特殊。就犯罪的案例來看，無故的連續誘殺幾個小女孩（在埼玉縣），在市販的食品裏下毒，還有「殺人魔」「放火魔」的事件時常見報；這和其他國家為財、為色、為仇，致人於死的情形，完全不同。前者，是對社會全體的報復，後者是為一己的目標而行兇，差別明顯。其中最為駭人聽聞的「帝銀事件」，是犯人偽裝政府衛生管理員，拿氰酸化合物，叫帝銀分行的十六名職員喝了，說是為了防疫。結果有十二人立即死亡。當時，警察認為這種毒藥只有戰時的細菌部隊用過。犯人逮捕了，也未槍斃，活到九十五歲自己死了。

日本人的心，大，大到可以蛇吞象；小，小到請人喝一杯咖啡也不幹，它是很兩極的。

日本人的心，難說。

日本人的行動樣式

日本人的行動樣式，有他們自己的一格。通常是很拘謹的，有分寸的；寬緩鬆懈，大大咧咧的少見；有，也是不入流。

走在街上，無論是在東京或臺北，不用等待說話，哪個是中國人，哪個是日本人，一下子就能看出來，雖然都是黃皮膚。

不同在什麼地方？

給人感覺：第一，日本普通人在街上，也像從兵營裏出來的；拉幫結隊的和落單兒的，都是如此。第二，日本人舉步、哈腰、欠身，都有拍節度數，動作暗藏著規範，有其習慣了的姿勢。

日本人的姿勢，因階級而不同。例如田中角榮的姿勢，是武士型加YAKUZA型的——神氣活現。這種型，在日本上層社會不少。學者、大公司老闆，也有他們的型——在端莊嚴肅之中，還有點「處變不驚」那種虛實難測的樣子。

日本人的行動樣式，雖因階級、職業的不同，擺出來的姿勢有別，但都是經過了塑造而出現的「人工人」則一。

「人工人」和「自然人」的差別是，前者的行動樣式，猶如路旁被修剪過的街道樹那樣整然有序，也像公園裏仿自然的那種圖型——一草一木都是經過設計成長起來的。「自然人」與此相反，是有個性的成活在山林原野，裏面既有枯枝，也有棟材。

「人工人」和「自然人」，這樣比喻，也許還不夠明白。日本學者常說他們是「馴成社會」，這「馴成」兩字，很有學問。《說文》〈淮南子說林〉有：「馬先馴而後求良」語，這可說明日本人行動樣式的「馴良」，是經過長期調教，「由漸而至」的結果。

日本人的行動樣式，還可用他們的書法表現，來作觀察。日本書法家的落筆著墨，和中國人的臨池，大異其趣。中國書法家，講究腕力和力能透紙的工夫，更不說一氣呵成的那種氣魄。日本人不是，日本書法家包括所有日本人，是用三個指頭，像用鋼筆似的捏著毛筆的根幹，自然揮灑不起來，但能故意拉出個筆鋒，無論是撇或捺，他們知道這個很有意境。但故意拉出來的筆鋒，是十足造作表現，這種作品，時常出現於「日展」，它是徒有其型，實在評價不來。因為書法的筆勢，原是有如萬馬奔騰般，在筆力萬鈞之下，在不覺中自然出現的，它那是「描」出來的呢！草書也是如此，他們是在一行字的連接之處或轉折之點，不該停筆的關要地方，停下來留個尾巴，再拉出一條線，使成草書。

同理，日本人的行動樣式，和他們的書法一樣，是「描」出來的，擺出來的一種樣態。可是這個造作，在「馴成」了以後，它就「文化」化了，在沒有真實感中，形成了一種「模型」。這種「模型」早已浸淫在日本人的血液裏，表現得自然如儀，特別是在行動樣式上。

這種獨特樣式，也頗能討人喜歡。例如主人送客，特別是女性，對著開走的汽車屁股行個大禮，望著一溜煙而去，就是被規範得很好的地方。

日本人的行動樣式，更可在「旅人」的隊伍看得出來——上指定的車，吃指定的便當，唱共同的鑾歌。雖然窗外風景如畫，讓它倥傯而過，別有興致的快樂在團體的呼應之中。下車，緊跟打旗的嚮導沙沙前進，既像出動的救火隊，又像奔赴遠方的征夫；徜徉在大自然裏欣賞風景的，是那樣少見。

這種行動樣式，如果說其他國家人們是出於「自律」的，日本人則是出於「他律」的與不得已的，因為不能不這樣。

「他律」的概念，與集團理論有密切關係。日本的集團主義，起於彌生時代的農耕社會

——為了食糧的生產，共同作業，共同祭祀，共同生活在集落的「村」裡。以前日本的「村」(MURA)，是社會共同體的名詞，不是行政單位。它既有共同的排外性格，也有不許個人意識存在的遺風。這是日本人行動樣式的屬性之一。

由於集團之間的強烈保護性格，日本人在離開其集團的母體之後，往往不能適應新的環境。在這情形下，不免表現異常。

幾年前，日本派駐東南亞的一名外交官（二等秘書），竟在酒吧間裏當眾小便起來。這個異常表現見報後，日本外務省覺得太沒面子，一怒把他免職了。外交官在人面前小便的行動樣式，令人無法相信，可是想想日本人在日本也是隨地小便，也就不感稀奇了。

日本人的行動樣式很兩極。規規矩矩，進退有節，是一個層面；放肆粗魯的，也所見皆有。這種不一貫性，很難解釋——禮法中有假，假的突然會冒出來，可能是原因之一。

日本人的行動樣式，一般都沒有幽默感；但「惡作劇」常見。例如在旅社突然出現個鬼，讓那被捉弄的叫苦連天，來個取笑！還有用個婦女帶著孩子到電視臺，見那指定的演員，謊稱孩子是和他生的。弄得這個男士尷尬難堪，說：「當時不是給錢了嗎？」讓他自己承認曾經買春，卻忘記了對象是誰。這些電視畫面的不惜成本製作，在「惡作劇」裏，動員大批人馬，把當事人整得真假莫辨，驚恐不知所措，這樣例子很多。這是以一方的痛苦，當為另一方的快樂行動樣式，它也許很有代表性。

日本人的行動樣式，也有專門著作。從「打招呼」方式到「社會構造」；由「集團理論」到「類型化力學」，都有分析；但，那些太生硬，不如我這樣說說容易明白。

日本專整女人的法律

日本有個《賣春防止法》，是用來專罰女人的！

男女性關係的演出應該是出於雙方，無論正常的與不正常的，如果涉及法律，應該兩造平等論處，除非這裏有暴力行為和不道德手段，才是其中的一方犯罪。可是，無論怎麼開放的社會，女性向男人施暴，是少見的，不大可能的；所以，在共同行為中專罰女的，難說有理。何況日本國憲法第十四條規定好好的——所有國民在法律之下一律平等，不因人種、性別、身分而有差異。這等於保障了女性的基本人權。

可是，日本在一九五六年制定的這個《賣春防止法》，在全文四十條之中，處處只說女子的「賣」，該當如何；閉口不談男人的「買」，是有問題。於是規定：無論是以眾目可及地方或對「相手方」在道路與其他場所交易，都是女性犯法，要罰她六個月以上懲役與罰鍰，並且把賣春的定義規定為「有償付的性交」，亦即拿了錢就算犯法。其中不但不過問男方的責任，連「買春」的名詞在法律裏也不曾出現，是巧妙的用「相手方」（對方）來代替那些買春的嫖客。

這情形，助長了男性到處尋歡作樂，因為法律保障他可以這樣做——就是用了不道德的手段，使女性吃虧上當，只要丟下幾文臭錢，受害的女性反而成了犯法的。因為「有償付」，就構成賣春罪，所以在日本沒有打桃色官司的。

這樣男女不平等的法律，怎能存在？

日本是男性社會，它在國會討論時，雖有女性議員表示反對，可是國會議員有百分之九十七是男士，男士都贊成這個專罰女性的法律，也就順利通過了。

日本專整女人的事，可太多了。如果翻閱一下《女工哀史》、《職工事情》與《下層社會》那些關於女性遭遇的名著，便會明白，罰女人，是日本男性社會的專利。這種專利，在日本俯拾皆是。

前幾天才出版的日本《婦女白書》，在若干不平之中說：「稱自己丈夫為『主人』，是沒有辦法更改的，因為再無其他名詞可以代替」；不但如此，在過年時發出的賀年片上，要把丈夫的名字寫或印得比妻子的大些，有這樣高姿勢心態的男士，占全體的百分之三十六。更嚴重的是，女性工資平均起來不到男子的一半，雖然各職種都有女性從業員——女性就業就勞者，有二千三百五十四萬人（男性不過三千餘萬人）。在日本企業戰線上，是不可少的生力軍。其中既有從事頭腦活動的專門人才，也有在建築業扛鋼筋的，偏偏她們得不到公平待遇，包括升遷的機會與房租津貼，都是男女有別。著名的英國《經濟學人》雜誌，對此有過詳細調查研究，而且出過專輯（這樣高水準的雜誌，臺灣沒有），在報導分析中說：日本經濟是靠她們的犧牲搞起來的，這話沒錯。可是，這種封建做法是畸形的，加於日本社會者，也是畸形的——不幸福。

首先是男人受法律縱容，更肆無忌憚的到處買春，也作性騷擾，女的也不再「願打願挨」，漸漸地走上自我解救之路了。結果，色情氾濫更甚，因為防止「供應」，防不了「需求」的這個重男輕女的法律有問題。影響所及，現在日本有「性虐待事件」頻出，其中既有成年對幼年作性虐待的，也有被害者反過來加害他人的惡性循環。日本東京近郊的「性差別研究會——三多摩分會」，為性騷擾問題調查了一萬人上班族的女性。在報告中說：這些上班女性，十有九人，都被騷擾過。其中用斜眼相視並動手動腳的占百分之五十九點七；說春話的占百分之二十五；拿裸體照片於眼前的占百分之十九，把手隨便伸過來的占百分之十六點八。這些行為來自直屬上司的，占百分之二十三。進公司未滿三年的被害率最高。此外性變態(SEXUAL VARIATION)的也為數不少。

那麼，婦女的情形呢？

現在日本婦女，由於男人如此，自求「多福」的尋求解放者，十有其二。這些在法律上仍屬「賣春」，但目的在為「人妻」！「人妻」是日本的一個特殊名詞。是專指已婚的婦女與第三者「交際」而言。日本的《現代》雜誌說：「日本男人早出晚歸，也在外面作樂，這給待在家裏的婦女有了『浮氣』機會。」浮氣，是與第三者偷情作樂之謂。

因此，日本偵探社接受男性調查家庭主婦行徑的記錄多起來了。前項調查顯示，日本男子遇到這種問題，都假裝平靜，也有聽到偵探的報告後兩手發抖的。可是日本男士多為現實主義者，遇到紅杏出牆事態，也能忍耐遷就事實。

所以，日本法律雖然專罰女性，女性也悄悄的在罰男士，其中的道理，也就說不清楚了。

賣春，是不對的；買春，更是差勁兒。春，應該是無價的、聖潔的，它的成為商品，是嚴重社會病態。日本經濟是高度發展了，可是，這個反文化的「賣春防止法」專罰女人，既是思想的落後，又是封建的標幟，不體面，不光榮！

日本以前的試婚制度

在我寫了〈日本專整女人的法律〉以後，意有未盡，覺得在現代社會，這是何必呢？於是往前追溯探索了一下。這一探索，使我吃了一驚。

日本有位女性作家，她叫森崎和江(MORISAKI KAZUE)，最近寫了一本很學術性的著作《買春王國的女性》。她說：日本在明治初期，還是停滯在女孩子到十二、三歲就嫁了的習慣。這個早婚現象很普遍，因為窮，無法生活。她調查了福岡縣所屬的筑前、筑後、豐後三個地區（以前各以「國」稱），發現了許多不敢相信的資料。

其一是在明治初期的婚姻，還有地域限制——筑前人民不能嫁到筑後。這真是隔道不下雨，百里不通風呢！

其二是多妻制，並在明治四年（一八七〇）制定的「新律綱領」裏，規定了妻、妾都是二等親的平等地位。不但這樣，妻、妾都得守其婦道，否則處罰女的。這個處罰辦法，在明治十五年（一八八二），把「新律綱領」改為刑法時，在「通姦罪」條下說：已婚女子包括為妾和配偶以外男人通姦，要罰她六個月以上，二年以下的重禁錮。對男方不問。這是承認男子可以和任何女性為對象的思想概念，也就是男子不受結婚的拘束。在上層社會的官吏，還可以帶著妻、妾一同赴任。相處和睦的，政府還發個獎狀。也規定了：妻不正經，可以揮之而去；夫有外遇，不能成為離婚理由。在另個文件上，也有女子與人通姦，要杖七十，即打七十大棍的規定，真是要命。

其三是明治政府雖然說是維新了，直到一八七二年前後，還維持著可以販賣人口的政策（見太政官二九五號令），並在買賣契約上來個官方認證。在那時期雖有開明派，如津田真一郎說，女子買賣，形同牛馬，主張禁止，但是未發生作用。在明治十九年也有「婦人矯風會」出來，為一夫一妻制請願，並著白衣素服，帶著刀子隨時準備自殺，這樣請願了二十回，亦無效果，可見那時男性社會的權威多高。

其四是在賣春業者當中，有「年期制」、「前借金制」與「養女制」，這些或因家貧，或因父母生病與當養女販賣了的女性，是沒待遇、沒自由的一種獻身。在所謂「遊女、藝妓、俳優者規則」上，是按房屋幾間，一夜幾起，由政府按月抽以重稅，名之為賣身奉公與年貢完納，其中，且有部份權充了警察的機密費。類似的規則，還有許多。特別是在甲午戰爭時，由「窯子」獻納的軍費，為數不少。

這是前述日本女作家，在書中提到的犖犖大者。我另在明治十年的《全國民事慣行調查資料》中，發現了日本明治前期的試婚制度。在這調查資料裏說：「婚後在兩三個月間，看熟和程度，再報戶籍。」日本在明治五年就有戶籍法的頒行了，一般是結婚時就報戶口才對，給兩三個月的「熟和」時間，再作定論，真不成體統。不但這樣，還規定了：「是否有婚姻的那種『熟緣』，要以男方那個臨時丈夫來作判斷」，這就更是欺侮女性了。

這種試婚，也表現在十二、三歲女孩子身上，當她們在為其他家庭做傭人時，僱主被視為有權利，對她做分外的事，因為社會與法律都允許他可以有妾，對這些女性，喜歡的，就長期；不喜歡的，就短期。所以這些試婚，在以前是非常隨便的、不負責的與不人道的。因為不止當事女性受害，還造成許多棄嬰——十四、五歲就生產，那有扶養能力？在那時代，無論妻、妾與亂交生的孩子，有父親承認的，在戶籍上列為「公生」，沒有父親承認的，一律為「私生」。這些記錄，都活在有關文獻裏。所以，日本的文明化，並無太久的歷史，在八、九十年前，還有著相當「原始」的一面，由此也就可以知道，現在為什麼還有「專整女人的法律」了。

日本的知名人物和「鐵格子」

「鐵格子」在日本是指「鐵窗」之謂，正式的名稱是「刑務所」或「拘置所」。他們避用「監獄」兩字，雖然都是囚禁罪犯之處，前者比後者好聽些。

日本在全國各地有七十四個刑務所，其中最大的，是座落於葛飾區的「東京拘置所」，占地有六千坪以上，裏面有二十二棟水泥建築，經常有兩千人在此服刑。到這裏採訪，要從淺草出發，乘東武伊勢崎線，在「小菅驛」下車，步行五分鐘，就可看到灰濛濛的一片空間，在周圍六公尺高的磚牆與鐵刺網內，是與世隔絕的密境。這密境南臨荒川水道，東北緊接綾瀨川的堤邊，以前是很僻靜的地方。在德川八代將軍吉宗時代，這裏是重臣的別墅所在地，到明治十二年才改建為監獄，那時稱為「集治監」，可見這個監獄——東京「小菅拘置所」的歷史有多久。

關到這個監獄裏來的犯人，以販毒者最多，其次是詐欺犯，再其次是殺人、強姦等犯罪者，有人說這是一個社會的縮影。

在這監獄的西北角，也有執行死刑設施——絞首臺。絞首臺的樓梯，是上去十三段，下降十二段。去年，已有數名囚犯在此被處決。現在日本國會，超黨派議員已起來主張廢除死刑制度，並展開行動了，但是司法當局還未接受。

就是在這「不名譽」地方，常有政治家和特殊人物，嚐過鐵窗滋味。

其中最早的是赫赫有名的陸奧宗光，在明治時代因「福島事件」，曾在這裏下獄，他後來出任外務大臣，在李鴻章面前威風凜凜，那是甲午戰爭時代。在這之後，暗殺濱口首相的佐鄉屋留雄以及思想犯河上肇、鍋山貞親都在這裏吃過苦頭。還有尾崎行雄，也以「不敬罪」被關進來過。

戰後，田中角榮、福田赳夫（任大藏省主計局長時）、大野伴睦、蘆田均、西尾末廣等要人，都曾住過這裏的牢房，雖然時間不長，卻是屈辱很大。更不說因洛克希德事件鋃鐺入獄的全日空長若狹得治，以及丸紅會長檜山廣那些商人，都在獄中做過清掃伕的工作了。

東京拘置所，設有兩道圍牆，正門內有監視塔，更有警報電流通往各處，入獄者可以說插翅難飛。這次國會議員前任建設大臣中村喜四郎，在三月十一日被關了進去，最少要在「獨居牢」住上十天。他一進鐵門，就得由頭至屁股，光著身子被檢查一遍，然後由姓名、籍貫等問到最後，這是手續，不管是誰以及何等身分。獨居牢，是給重犯以及政治家準備的，但是只有三疊半的空間，廁所，用餐都在這鐵門的裏邊。以前被逮捕入獄的文人田岡領雲，寫有《入獄記》，他把內部作息詳細告白：

六時三十分起床，六時四十五分點名，六時五十分早餐，直到晚上九時，兩次的休息只有三十分鐘。生活與動作，都在嚴格管理之內。

在飲食方面，無論流氓還是政治家，每天是三百六十日圓的預算，但可外叫便當。

田中角榮在入獄時，他的秘書一下子交給「差入屋」五十萬日圓，囑代送食物。這裏所說「差入屋」是設在監獄之外，緊對獄門側面由官方許可開設的，是專給犯人送東西的舖子，共有三間。這制度很特殊，在明治時代，即前述陸奧宗光入獄時，還由「差入屋」代送過「珍品」一件。這登記的「珍品」，原來是個女人。由此可以知道「差入屋」的功能很大，雖然它是半官方半私人的，卻是很有賺頭。例如田中角榮送去的五十萬圓，只用了五、六萬，其餘也未去討還，因為一個便當只有一千圓而已。

關於這些，在河上肇的《自敘傳》裏也曾提到：「住監獄的人，總感到飢餓，由獄卒送來的菜、飯，總是吃個精光」，也許正因如此，在監獄之外，有些「差入屋」的設置，它算是很有人情味的措施。可是在《日本監獄殘酷物語》裏則把「東京拘置所」說得非常恐怖，由起床、疊好行李，到刷牙洗臉，只給十分鐘時間，吃飯只給五分鐘時間，完全軍事管理。在刑期由保安課每天訓話：「你們在這刑務所是接受懲役。被懲役的既無公民權，也無人權可言。要像牛馬一樣順從，來強制勞動。反抗者加重處罰。」以外又規定了「不可離開看守視線」、「不可離開指定場所」等二十二項規則。這些規則，政治家進去都得遵守。田中角榮在這裏兩進兩出，接著是金丸信和前建設大臣中村，他們都是炙手可熱的人物，曾經呼風喚雨，一旦成了階下囚，在獄卒之前，一律平等，這是日本厲害之處，非如此，政治上不了軌道。

日本的人種改造論

日本自明治十七年（一八八四）九月起，有過一連串的人種改良議論，說日本人個子太小，站在西洋人面前，有劣等感，不能併肩競爭。非把西洋種移到日本人身上不可；否則日本人的軀體和精神強壯不起來，於是有「黃白雜婚論」的出現。

在那個時候，日本崇洋的心情是非常熾烈的，不但嚮往西洋文化，更憧憬西洋人的風範，直覺光是學習還不行，要把日本人換成西洋人的血、西洋人的皮膚和西洋人的骨頭，才算合格，這真是徹底的西化論了。

可是這種徹底的變種主張，怎麼來做呢？在他們的「人種改良論」裏說：「變種方法是由歐洲人與日本人來個混血，亦即以日本的男性與歐洲女性作黃白雜交結合，這樣可以生出與歐洲人酷似的子女。」又舉證說：「蒙古西征時，和西洋女人成婚者，所得第二代，都有西洋人的體態，因此日本人需要的是歐洲女性的遺傳因子。」

對於這種大膽的論調，當時也引起過激烈的反對。不贊成這方面論調的主將是學士院院士加藤弘之。他在《東京日日新聞》批判說：「雜婚雜種的議論，實際有很多問題存在。第一，雜種的兩親要血統優良，怎樣去組合他們，沒有資料難作判斷，更別說雜種的改良要相當年月。第二，以優等人種與劣等人種（日本）之間進行雜婚以造雜種，這不是人種改良，而是人種變更。」

加藤進一步指出：把歐洲人血液注入日本人體內，會使日本人的血液稀薄了，變少了，經過幾代雜交，最後會使日本滅種。理由是，在遺傳學上，以門德奧法則(Mendel's Laws)來說，子女的性質在兩親之間各佔一半，因此一輸入歐洲之血，日本人的血在雜種身上僅存二分之一。如果這樣雜交到第八代，日本人的血就只剩百二十八分之一了（他的算法是第二代二分之一，第三代四分之一，第四代八分之一，第五代十六分之一，第六代三十二分之一，第七代六十四分之一，第八代百二十八分之一）。因此加藤反對「黃白雜婚」改良辦法。當然他也不贊成過火的西化運動。

那麼，提倡人種改良的是哪些人？在這有力反駁之後，抱什麼態度呢？

先說這些人的來頭，他們是以創辦慶應義塾知名於世的福澤諭吉為首，包括他的門生高橋義雄、松本直巳等多人。

福澤諭吉曾對天皇進講，在日本是被視為一代大師，他不客氣的指斥加藤說：「俄國彼得大帝在遺囑裏告誡他的子孫，歷代皇后非娶日耳曼人不可，這樣世代相傳，百年來也未見俄國皇室有血統問題發生。最後不服氣的說，加藤君應向俄國去講他的道理！」這個很霸道的發言，發表於明治十九年（一八八六）年一月二十二日。

在這之後，他的弟子高橋義雄，按照老師的思想寫了一部《日本人種改良論》，在序文上明白的說：「擴張國權，是老朽的畢生之志，國權擴張雖有各種手段，最要緊的是著重國民之養生和血統遺傳的改善……。」這篇序文，正是福澤諭吉的手筆。

不但如此，福澤另在他的《日本婦人論》、〈時事小言〉中，既說要改善日本人的體質，又表示贊成「黃白雜婚」，他主張人的能力是先天的，是由祖先血統決定的，它和飛禽走獸乃至牛馬是一樣的。福澤的概念是來自英國生物學者高爾頓(F. Galton)所著《才能的遺傳》（一八六九年）。高爾頓的思想，不過是繼承了達爾文(C. R. Darwin)的「進化論」。就是這樣，日本學者，現發現賣的，把這兩者的思想，視為國家發展的動力和鐵則，並把這鐵則發展為國粹主義了。它和「天下為公」說法，正好是對比的，有著天淵之別。後者，在日本是被視為「落後的傻瓜思想」。

日本，從導入高爾頓和達爾文思想後，自明治到大正時期，不斷的議論改良、再改良，包括不可思議的人種換血、換皮、換骨。其間海野幸德既有《日本人種改造論》，又有《作為強國策略的人種改良說》，接著他還寫了《人種改造的急務》與《論優良種族的衰退》等著作，大聲疾呼：「人類，有因物的自然條件不足而被淘汰的，有因種族競爭而被淘汰的」。說：「人類已失掉了保存良質的手段，逐漸變成劣質的了」；於是介紹了高爾頓的優生學，雖然這個學說裏並無國粹主義，達不到日本所設想的目的，但是他說就算擠出最後一滴血，也非改造日本的人種不可——使小日本子變大日本子（原文）。

除了這個「變種」急先鋒以外，在這稍後，又有個遺傳學者外山龜太郎，他在〈遺傳學的進步與人生的關係〉論文中說：「把人類的不良性格剷除，教育功能只能及於一代，解決這個問題要藉繁殖學之力進行淘汰。」與此同調的，還有位動物學者丘淺次郎，說，人和其他動植物一樣，選好的種子就能生出好的東西來。他把「優生學」的原文eugenics譯為「人種改造學」來誇張其重要性。

在這「變種」大合唱之下，到昭和十年（一九三五），日本就要制定「斷種法」了——非優良種的，不准生育。但是，這種國粹思想很快就引起了侵略戰爭，在兵力不足情形下，「斷種」的事未得實行。

日本從明治時代就提倡「黃白雜交」以變「雜種」，這裡所有的名詞，都是直接引用於日本文獻，不是我的杜撰或故意添油加醋。卻是，我對日本學者在那時代，所作的那種主張，感到稀奇並懷疑：「黃白雜交」，怎麼能夠實現？

那時，日本人營養不良，家家戶戶連抽水馬桶也沒有，如何能娶到時髦、進步、生活早就現代化了的西洋姑娘呢？真是異想天開！

其次，他們議論並要實行的「斷種法」，雖然未成事實，也看出了這個思想是很可怕的——是把上千萬的婦女與男人隔離呢？還是作其他處置呢？未見實施細則（也許有，我無時間去查）。

日本人種改良問題，蠻有意思，「黃白雜交」的事，只有到戰敗美軍進駐時，移花接木，生了十幾萬雜種，但他們對這些雜種多少抱有歧視態度，反過來認為：不是純正血統的，不好。

日本人的種，原來就是小種。在《魏志》裏不是說：「……東渡海千餘里，復有國，皆倭種。又有侏儒國在其南，人長四、五尺」嗎？日本自古以來就是個子小，現在較過去平均高了幾公分，還是由教育和改善營養得來的呢！

日本的私家偵探

日本的私家偵探太多了，光是東京有五百三十家，大阪有一百七十家，全國有九百零七家，幹這種行業的密探有五萬人以上，在一個秩序很好的國家，真是不可思議。

更使人難以相信的是，日本散佈全國的偵探社（包括興信所），不要登記許可，也沒有主管官廳，更沒有資格限制。換句話說，高興的話，誰都可以加入這個行列，去挖他人隱私，一個偵探社在招考偵探員時，既不要口試，也不要筆試。第一步是給這應考人一張照片和被調查人的背景資料，再提供一架小型照相機和一個呼叫器，叫他去指定地方埋伏，一個小時向指揮部通報一次「情況」，就是這麼簡單，能經得起磨練，他就可以成為私家的「小特務」了。當然，通過這種考驗，可以一步一步的再擔任更艱險的工作。這和其他國家偵探業受政府嚴格管理的情形，完全不同。

以美國為例，紐約的偵探社，既要政府的許可和監督，偵探員在實習三年後，要經過嚴格考試，才能取得資格，其地位不下一般律師。在兩相對照之下，日本對這個行業，是採取了放縱態度。

放縱的原因，不外是成立偵探社的責任者，以前曾在軍方或警方擔任過特殊工作——特務，原來身分就特殊，所以日本的情治單位，對他們「信任」有加，還可以互為指臂，彼此運用。日本私立的汽車駕駛學校，和公立的一樣，可以通過考試就由警方發給駕駛執照的辦法，和偵探社的公私不明，其性格相近，因為私立的汽車駕駛學校的校長，大多是由警察退休的幹部出來設立的。

日本的偵探社組織，只不過是在各地區有個共同參與的「協會」而已。各協會的會員（偵探社）多寡不一；但是不參加這組織的，也照樣營業。其中不乏在大偵探社幹了幾年，積有經驗就宣告獨立的，因為在一個偵探社幹久了，會受上級幹部的懷疑——在調查「案件」時，拿錢放水。所以，不加入上述組織的小偵探社，在晝伏夜出者，不知凡幾。

這些私家偵探，都幹什麼勾當？

粗略的來說，其「營業」可分四個部門。第一部是經濟調查，主要是在「信用」與「市場」方面下手。第二部是人事調查，主要是對雇用者的人品和有無前科與思想行為如何，提出報告。第三部是一般大眾性的社會調查——男的另築愛巢，女的琵琶別抱，這類事情太多。

不久前新聞和電視調查過日本婦女的愛的動向，說百分之八十已有或者正在尋找第二或第三情人，並把這問題和其他國家作了比較——日本女性不安於室者世界第一。此外還有第四部，是對保險意圖以及其他的調查，因為日本常有「保險殺人」事件，亦即替妻子或丈夫，作高額生命保險，然後謀而殺之，領這筆保險金。

這四個部門中的每個事件，都比偵探小說引人入勝。

日本在股票市場上市的大公司，都與偵探社有來往，其目的是多方面的；但有一項，是專對公司內職員，有沒有挪用公款？以及私生活如何？與偵探社訂約，按期提出員工有問題者的報告，這是很恐怖的不為外界所知的做法，它構成偵探社基本業務之一。其次，是委託偵探社作產業間諜活動。後者，這個間諜活動的手法之一，是對準那個產業單位所需，成立個有關的專門性公司，和它來往，以盜取該公司的機密資料，達成目標就把這臨時公司關門大吉。

在這若干的偵探社當中，有屬於「無賴」集團的。他們的「營業」就更厲害了。一、對高利貸貸出的對象作跟蹤；二、作國籍與戶籍買賣。因為日本人也有流落天涯與有家歸不得的，還有行蹤不明的，把他們的國籍和戶籍買到手，再販給「無國籍者」或曾犯法見不得人的，來個更名換姓，繼續生活下去。這個鮮為人知的內幕，是一個情報員親口自白的。

另個有趣的，亦即屬於一般社會調查方面的檔案，眼花撩亂。在這裏，關於「素行」調查，只要跟蹤那個問題人物三個禮拜的每個禮拜六，就可對委託人作出完滿的報告。這是最簡單的業務之一，較麻煩的是對「浮氣」調查。日文的「浮氣」指背著丈夫妻子尋歡作樂。亦可說是在愛情裏「泛海揚舟」、「載浮載沉」那種氣概吧！

對這些問題的調查，五花八門。一個太太發現他丈夫三天兩頭夜不歸宿，偵探社接到委託，派兩名幹員埋伏，跟蹤幾天，得不到線索。因為當事人聲東擊西，上了往南去的電車，中途下來跳到往北去的了（日本電車都是南來北往的幾分鐘一班交錯著），最後派出六名偵探埋伏跟蹤，才找到這位男士的香巢。

還有一位結婚十年的婦女，突然花枝招展起來，她丈夫不解為何？也交到偵探社裏來了。這個中年婦女每天到彈子房打彈珠一次，然後轉到咖啡室，再與一位男士雙雙上了旅館。在調查三天以後，發現每次男人不同。調查員回來要寫報告，被他的部長阻止著說：這個報告不能多寫，只寫「去打彈珠」便可。沒有幾天，這個婦女所住公寓裏的幾家女性，都被警方逮捕了。原來這棟公寓裏有賣春組織，那位太太作了應召女郎。最後並說出了她的目的是想賺錢買棟房子。

現在，日本社會流行著、氾濫著盜聽裝置。電器街販賣的廣域收聽機、amateur radio無線機，可攔截到附近的通話內容。科技進步的反面，是道德淪喪。一個國家怎樣算好？還是值得三思的呢！

日本大學生打工的種種

打工，在一般的概念裏，是苦差事，不算什麼好的職務。可是日本青年，不這樣想。相反的，越是拋頭露面的行業，越受歡迎。例如當店員、或在迪斯奈樂園做嚮導，凡是惹人注意的工作，都有人爭著想幹。日本雜誌說這是「現代劇場社會」表現。據學生援護會的負責人說：現在大學生的打工觀念很普遍，有百分之八十九都「下海」打過工。日本因高學費政策，非出去打工，維持不了學生生活，例外的富家子弟，究竟還是少數。

日本大學生在選擇打工工作時，主要是考量場所、工作內容和時間的分配，待遇還在其次。例如在東京六本木紅男綠女時常出入地方，若有工作機會，大家都願意去幹，因為它可以沾染到遊樂氣氛。

現在學生打工的目的也在變。為買喜歡的東西與實現某些念頭的，占第一位。如果細分起來，一是準備和戀人、朋友出遊的費用；二是要購買新款式的流行服飾；三是到海外旅行；

四是準備學雜費用。

以前不乏為賺取生活費去當報童的，現在貪玩的居多——諸如玩衝浪板、出去滑雪，名堂越來越多。在這方面女子大學生，多往自動化機器與設計或夜間性的服務公司鑽，因為這些地方報酬較高。

據有關徵求人才雜誌報導，現在打工的職種，比公司正式職員的職種龐雜得多。其中包括大眾傳播、家庭教師、補習班教員以及對外宣傳的廣告員等。還有大學三年級竟找到了助理導播的夜間工作，這是屬於機遇好的——她和名導演混到一起，由早到晚，連課也不去上了。這種工作，雖稱助理導播，可是工作和工友沒有兩樣——收拾道具、搬運行頭、在廊下常和明星碰面，卻是攀不上關係。而且每天只有微薄待遇，比洗盤子還差些呢。

像這樣的例子不少，有位大學三年級女生，他到賣流行品的的原宿某專門店去站了兩個月的櫃臺、每小時是八百圓，錢雖不多，但她感到是與時髦派為伍了，這是虛榮心作崇。

在這地方打工，每天早晨都有「朝禮」。店員雖只有五、六名，都要大聲說：今天達成販賣目標！目標又是永無止境的。如果最後未能完成這個任務，店長便嘟囔一大堆難於入耳的話。但是沒人敢頂嘴，都得說：是！所以，打工，沒有輕鬆的事。他給你八百，是要你賺來一萬！

除了這些「外向」的工作外，還有導遊的行業，也受女性覓職者的歡迎。在日本，導遊者本來是必須有這種資格才能充當，可是臨時雇用學生帶路的不少。這個看來遊山玩水的工作，也有艱苦的一面，明治大學的一個學生說：「最受不了的，是時間拘束。例如帶學生作修學旅行，在出發那天，必須在學生集合一小時前，到達現場，也就是非在早晨四點鐘爬起來不可。每到一處，師生的宴飲，要陪侍在側，晚上到十一時以後，才算解放。其間誰有要求，都得笑臉相迎。」

學生打工，各有一本唸不完的經。但也有相當輕鬆愉快的那種行業。現在，公司女職員、家庭的少奶奶，喜歡到海濱張帆戲水的漸多，還有勤習游泳的。做這個教練，不但外快多，而且常是許多女性獵取的目標，所以艷遇頻頻。這是大學男生打工的最佳去處。在東京近郊的江之島，設有這種學校，專授風船航法，工作一到下午五時就收攤了，然後成雙成對，是自己的天下了。

在打工行業中最辛苦的是幹「宅急便」，也就是限時送貨到家的工作。有些公司雇十幾名大學生，各有一部摩托車，按路程遠近，抽取百分之六十五的運費。諸如原稿急件，手術用的OPERATION，非用機車穿梭大街小巷，無法爭取最快速度。這種工作待遇最好，居然也有以此籌足到海外留學費用的。日本青年的自立精神，可以在認真打工的情況裏看得出來。

在日本打工，無奇不有。譬如某人要舉行結婚典禮了，男方女方人數湊不齊，怕不夠場面。這時找人來湊數是要出工資的──每次每人可得一萬至二萬圓，還混個白吃白喝。如果是充當介紹人或司儀，要事前把新郎、新娘的家世和履歷背熟，冒充親友，成全好事。

據主婦之友社出版的《勞動遊戲》一書所載，在三百種的打工行業中，有一種是專門給死人洗屍的。以前做這種工作的，不敢對外張揚，現在卻成了有趣的話題了。

洗屍的報酬，起碼是二萬至五萬圓一次。例如因交通事故被撞死的以及其他不幸死亡者，都要把死者全身洗淨。一個法政大學的學生說，最初有些噁心，吃不下飯，後來習以為常了。

最讓人奇怪、無法相信的一種打工，是把自己身體交給藥廠，作新藥的有無副作用試驗。有位早稻田大學的學生說：開始他充滿了恐怖，但藥廠說已試驗許多次了，沒有危險。而且在上實驗臺前，要對這打工的作綿密的健康檢查，服藥有不良反應時會立刻停止。這種打工，非常舒適，公司給高級旅館住，白天可自由活動，晚飯供給大餐，然後吞下藥丸──一種抗生物質的藥，再抽出少量血液。這樣一個月可賺五十萬圓。

現在，日本學生，大學畢業不能就職繼續打工的大有人在。據文部省調查，每年在四十萬應屆畢業生中，有三萬八千人是靠打工生活的。打工並不是安定職業，他們在日本也是浪人的一種。所以，經濟快速發展的日本，還有那麼多的問題存在，這些問題也可由日本學生打工的狀況看得出來。

至於留學生更不用提了，前些時我才知道，在東京各路口要衝，有兩百名和尚托鉢化緣。原來這些和尚是日本一家邪教團體雇用了中國留學生冒充的。打「作和尚」的工，中外少見，也只好說信不信由你了。

日本學童遺書和弱者的淚

日本人常掛在口頭上的一句話，是IJIME（乙級妹）。不要誤會，雖然讀「乙級妹」的音，在意義上完全是兩回事。IJIME加RU就變動詞了，用漢字表示是「苛MERU」，在日本辭典上的解釋是欺負、凌辱、虐待，使人痛苦之謂。這類使人痛苦的「乙級妹」事件，在日本青少年就讀的各級學校已成風潮——強者欺負弱者，以致懸樑自盡，跳樓自殺的，層出不窮。

對這問題，日本東京都最近發表了一份調查報告，這項調查是以東京地區二千二百九十所公立中小學校和高中以及六十一家盲聾學校為對象來進行的。其結果是各校年來存在著，同學與同學相殘的（乙級妹）——各式欺壓問題，共有六千五百九十件之多。細分起來，在一千四百一十處小學有二千八百七十九件，在六百六十家中學之中有二千九百八十八件，在二百一十五個高中裡有一百八十五件，在盲聾學校只有三件。

這種調查，從一九八五年就開始了，那時被欺壓喘不過氣來的學生有一萬多名，這只是東京一地而已。就全日本來說，因「乙級妹」不敢上學的，多時曾達十三萬人以上，現在也有七萬人左右，日本社會把這些應該在學的青少年，說成是「拒絕登校」，也有說是患了「自閉症」的，把責任推給弱者。可是在教育家橫湯園子所著《不登校・登校拒否》一書裡說：「在大學生們所作的小論文或研究報告中，提到曾受欺負，心靈受到傷害的特多，他們對教師與成年人忿忿不平。」還有，那些受欺負的孩子說：「在遭遇乙級妹過程，每當回家要預想一番明天對那可怕的打壓者怎樣答話，因為隨時有麻煩上身。可是再多的準備，到時還是應用不上，以致經常處在恐怖之中。」

兒童世界，有許多是我們不能理解或想不到的。但從被「乙級妹」而死的學童遺書中，可知大概。

在前年十一月二十七日，日本愛知縣西尾市市立東部中學，一名十三歲的二年級學生，名叫大河清輝的孩子，上吊自殺了。在辦完喪事的十二月一日，發現了一封遺書。遺書哀哀切切的述說了他在學校被欺凌的種種，長達兩千字，這才引起了社會的「關懷」，新聞、電視鋪天蓋地的作了討論，各路人馬也都出來講話了。因為在這以前被欺壓而死的，遺書都太簡單，只說對不起爸爸媽媽……就完了，學校和教員都不承認有「乙級妹」的問題，頂多在死者教室的書桌上擺一瓶鮮花，抹幾滴眼淚。可是，這個大河清輝，在死前所寫遺書，把陷害他的幾個同學名字都列了進去，學校、教育委員會，都賴不掉，才把這嚴重問題掀開。

遺書說：「總有四個同學揍他一個，逼著要錢，可是，今天怎樣也找不到錢了。以後就是想活，也活不下去了，雖然希望和大家過幸福日子。……」

又說：「從小學六年級就被欺負，到初中一年更變本加厲，拳腳相加，連自行車都幾次被砸破，到初中三年，壓迫得更甚。在放假以前，多時要六萬，少時也要三萬、四萬。今天又要求四萬，這可怎辦？只有一死！」

這是遺書的片段，淒惋悲涼滿紙。

可是，這事件，在我們中國人來說，怎也不能明白，為何一個十三歲孩子落得這個下場？他的父母，還有學校那麼多的師生，莫非都在裝瘋賣傻，佯作不知？

其實都知道，家裡錢財不見了，孩子自行車三天兩頭就要去修，父母該有覺察。一班學生平素行為，老師也要清楚。但是大家都不過問。在家長認為孩子到學校了，就是去了另一個社會；在教員，學生打來打去，他保持中立，少管閑事。於是孩子們都隱忍著壓抑無處訴苦，這是日本教育現場實態，它絕不是孤立的偶發問題，而是有著傳統性和習慣性的那種文化樣態，這些說來話長，我只能提出日本學童間的「乙級妹」和不斷因此尋死的那些故事。

在這個事件發生以後，有的學校裝設了錄影機監視學生行動，有的地區裝設了被「乙級妹」時的求救專用電話。文部大臣、總理大臣都發表了談話，說要解決這些問題。可是「乙級妹」事件越來越多，尋死的兒童此起彼落。十一月間在新潟縣上越市的一個初中學生伊藤準留下遺書自殺了，十二月九日千葉縣的一名初中二年級女生也留下遺書自殺了。後者是因為在其他學校被欺負得受不了，轉學到千葉來的，在仍被「乙級妹」的情形下，用尼龍繩勒緊自已脖子致死的，這要多大決心，對於一個無辜的孩子來說。

在連番自殺聲中，十二月八日午後，有個孩子打電話到橫濱「乙級妹一一〇番」（像消防隊專用電話似的，是專給被打壓學童求救用的），說她要自殺，因被欺負得已經忍受不了。這下子急壞了橫濱市長高橋秀信和教育長吉川春二，立刻召開臨時記者會，呼籲孩子說：「妳活下去，必有好日子到來，千萬別死！」話倒回來說，那個孩子已經死了，就是用尼龍繩子自縊的那個小姑娘。於是東京的警察也提高警覺了，一舉在大田區逮捕了二百五十名高中學生，說他們有恐嚇、傷害等罪，這是十二月二十三日的新聞，還在熱門著呢。

問題是，日本青少年為何要在學校欺負同窗？他們回答說，在看到被整者的窘態時，覺得快樂！所以三、五成群地整一個看來不順眼的弱者，認為那是很英雄的。日本的社會也正是如此——各種「乙級妹」是常有的事。

日本式的洗腦

「洗腦」(Brain Washing)，寓有強制說服之意，是通過各種各樣系統性努力，說服不信者去效忠特定的人物或團體，去接受其命令（包括教義）之謂。洗腦，是個通俗說法，但是這個字眼，用於人為的把第三者的思想性格加以改變，是再恰當不過的一句話。它旨在操縱人們的思想行動，使其放棄自己的意願。洗腦的方法，隨對象及情況的不同而異，但是被牽著鼻子走路的基本目標則一。它的第一課，是設法讓你承認並證明以前的想法是錯誤的，必須改變！

日本近幾年來，出現了不少這類改變思想與行動方式的研修班，由企業界保送去進修。年初，在外縣的一個研修班，以苛酷甚於軍訓的方法，讓研修者不能睡眠，作反覆的認錯與反覆折騰，有兩人死於非命，又有二十多人越牆逃走，在電視上出現這個鏡頭，並採訪過這研修班的主持人，他說讓學員認同這個不合理，忍耐了這種虐待，是成功的最大要素。

這種洗腦事態的存在，不僅出現於電視，在一九九一年六月，還有兩位被洗腦的寫成了一本《洗腦體驗》，刊佈於世。作者二澤雅喜與島田裕已，在書中說：

「最近奇妙的seminar特別流行，受訓出來的人氣質都變了，是自己在自己身體裏作一次旅行。」作者是在這個宣傳誘惑之下，繳了十二萬五千日圓的授業費，到東京港區的Life Dynamics Center去作實際體驗的。「課程」是分基礎的、前進的、完全的三個階段。學員，是由該中心選擇的男女各半，由午前九時到下午九時，都得聽訓或按指示行事。

一上課，後面站一排彪形大漢，教室門窗緊閉，密不透風。先來一段史特勞斯圓舞曲，音樂一止，臺上的講師（不叫講師、稱教練），面孔嚴肅又像變戲法的，並由他宣佈了遊戲規則。

在第一講時說：「我們在社會生活裏，積有各種體驗與活動類型在身，這是人生劇本。這個劇本的『觀念』要記住！」然後分組並各選個對象，不管男女。其中有公務員，中小企業經營者，公司職員、研究所學生、技師，結過婚的與離過婚的男女。這些男女都要互問對方四句話——「我對你容易接近」、「不容易接近」、「不知道」、「不想說」。通常，這樣的話，誰都不願意張口，卻是輪流的說到底，再一對一的「促膝」，兩眼直視對方，一面深呼吸一面發問，最後說出共有的體驗。不過這樣，還出了個「被害」的題目，非要說出從小到大，在人生旅途中被害的經過不可。於是有個三十歲的婦女說，她小時被人踢過肚子，結婚後丈夫不讓她出去工作，如此這般，輪流告白。然後由A質問B，C質問D，來辯論到底什麼是「被害」，並互相翻案。

這些做法，是打破是非觀念的手段之一。

此外還有「瞑想」、「號泣」、「擁抱」、「變身」、「勸誘」、「契約」、「絕叫」等神秘的課，用這些來改造人性，改造思想和行為，去服從所該服從的。它和宗教不一樣，和共產黨的手法也不同。它是人力開發走火入魔的一種。日本式的洗腦，是讓被洗腦者忘了自我，是往增加社會價值，增加經濟價值方面清洗——一個人去幹十個人的工作。共產黨的洗腦，是往空洞的，個人信仰方面去洗。雖然洗腦的方向，都是由上往下的——由統治者洗被統治者，可是目標和作用迥異。

日本的洗腦，早期是出於「神道」的，天皇是個神，讓國民無條件的信其為神，服從於神，藉以強大國家力量。現在神道攻不進去，從心理學上攻人性弱點——洗腦。一個侵略國家的形成，是先從自國人對人的「人間侵略」開始，洗腦是「人間侵略」的一個殘酷手段。日本的「這個那個」第一篇就介紹了日本的洗腦，是因案頭有這樣一本書，怕過時遺忘了它，雖然這裏指出的，還不到那本巨著的百分之一。

日本的人權問題

日本怎會有人權問題？他們是高度民主自由國家呀？許多人不免如是想。

但是，日本有嚴重人權問題。

關於日本的人權問題，為了維持客觀的探討，絕不以個別的案例作對象，因為那會「以偏概全」。例如最近發生的，檢察官把建設公司向政治家獻金的嫌疑者，進行拷問打傷了的那一幕，雖然轟動了日本社會；但不談這些，它是偶發事件，那個檢察官已被免職處分了。

以前，我對日本「部落民」被歧視的種種、男女之間的差別待遇以及「過勞死」的那些，感到奇怪，因為它涉及基本人權問題。但這些問題都與社會史、文化史有關，特別是其中的「身分制度」，是特殊又特殊的所在。

現在，先從另個角度，談「現代日本的人權狀況」。

《現代日本的人權狀況》，是日本明治大學總長宮崎繁樹先生和大阪律師會的菅充行等，共同執筆的一本巨著，他們在全書七章之中，討論了「國際人權條約」有關議定書日本未批准的原因，及「國際人權條約與現代日本人權」的許多不健全問題。

宮崎氏在一開頭就說：「日本在政治、經濟與軍事各分野，都已進入大國之林，可是在有關人權條約的加入方面，與先進國家差得尚遠。」因為日本在「世界人權宣言」發表以後，對有關議定書——「市民的以及政治權利有關國際規約選擇議定書」，還有「死刑廢除有議定書」等，未予批准。理由是它和國內法衝突。其中，關於死刑之有無，當然可以各按國情從事，對市民和政治權利，似乎沒有理由拒斥。

不僅如此，日本未批准的有關人權條約很多，諸如「人種差別撤廢條約」、「在體育方面反人種差別國際條約」、「人身賣買及賣春榨取禁止有關條約」、「難民地位有關條約」、「無國籍者之地位有關條約」、「婦女參政權有關條約」、「移住勞動者權利條約」等二十種，日本是抱著我行我素的態度，既不承認，也不簽署，對於這些是置身於國際社會之外了。

日前，朝日新聞報導了這一問題，說日本不把這些問題解決，怎能成為聯合國的常任理事國?還有總理府對外國移住日本的居民，也作了詳細調查。調查結果顯示，「外人」受歧視的占百分之三十四，受到不平等待遇的占百分之六十，其中還有韓國人在日本租房子常遭拒絕的那類事情發生。這些問題，雖然日本憲法規定了「一律平等」，在聯合國國際人權條約中的「自由權規約」裏也說：「締約國對所有個人權利要『尊重』(respect)、『確保』(ensure)，可是日本未能辦到」，他們不願在這規約上盡其『確保』的義務（日本加入了這個條約）。

有關聯合國人權方面的條約，到一九九三年五月為止，一共有二十三種，其中最重要的「人種差別廢除條約」，日本迄未批准。因為日本存在著對「部落民」的差別意識，還有六十萬韓國人以及外國在日本就勞的近百萬人，受著不平等待遇，甚至有拿不到薪水的事，日本學者友永健三為此且建議說：要制定法律，把差別待遇解除；要由行政措施，把差別事件消滅。他說：日本的差別意識有長久的歷史和社會制度，它既表現在職業階層上，也表現在教育上。現在日青少年有十六萬人，因在校園被欺凌，不敢上學。日本新聞給這些不敢進校門的學生以「拒絕登校」為詞加以報導，這是文化的本身就有了問題。還有，中學生在學校被集體打死了，用地毯裏起屍體放在體育館。可是對這些行兇的，最後法院判決他們無罪。這樣事件，日本社會的反應是淡淡的等於零。死的算是弱者，在一百公尺以外，就沒有同情的聲音了。

在《現代日本人權狀況》一書裏，也提到戰時被日本強迫去做「性奴隸」（慰安婦）的那二十萬婦女與當時被稱為「天皇赤子」的朝鮮人、臺灣人，戰後也未當人看待，是大大的違反了人權問題。同時作者也介紹了德國的狀況說，西德在一九五〇年制定的《聯邦援助法》，是對戰爭犧牲者，無國籍、人種差別的，一律的給予賠償了。在當時愛德諾總理的上項聲明裏，不但說一律賠償——與法國、荷蘭等十二國締結了賠償協定，且坦白的承認了犯罪行為。

日本的人權問題，既表現在國際行為上，更表現在國內的諸多差別上。其中非常難解的，是他們對本國四千六百零三個「部落」裏的一百十六萬七千餘人的敵視和壓迫。對這問題，雖然日本在一九六九年制定過《同和對策特別措置法》，想要改善，並與「部落民同和」，可是直到現在，還有一千個部落，在生活、教育、職業上，得不到平等。

舉個駭人聽聞的例子，有個在廣島讀書的高中女生，在學期間和老師談起戀愛來，男方答應她在畢業後結婚。可是畢業後知道了她是「部落民」，於是毀約，以致這個女生走上了自殺之途。

日本的「部落民」儘量瞞著自己的身世，偏偏有人把部落的所在地製成一覽表，無故的散發到各地，因為日本人有一半以上，不願與部落民生活在一起，更不說對「蝦夷」人的歷史性迫害。

日本的人權問題，在聯合國人權委員會也提出過。那是日本精神病院把患者當犯人看管的情形，被檢舉了出來。

日本精神病院，患者一進去，便是永遠出不來。有個華僑，不明不白的被送進了東京北部的一所精神病院，他四處打電話求救，說沒有任何精神病；但是，誰也無法前去探視——不准接見。他曾穿著睡衣逃了出來，警察又把他抓了回去。最後，他死了，死得很可憐。話，只能說到這裏，因為他的財富近百億，入院以後，都光了。

日本女性的慰安婦生涯

盟軍登陸，恐怖，恐怖

日本在戰敗當時，立刻來個「烏鴉反哺」，給美軍準備了「慰安婦」。

那是一九四五年八月十五日，日皇悲切的發出投降「玉音」以後，面臨盟國佔領的當頭，在民間一時謠言四起。其一說是女人得全被抓去給美軍慰勞；男的得被吉普車拉斷了兩腿，從屁股劈開，然後殺死。又說年輕男人將被從指甲穿入鐵絲綁在軍艦上帶走，女人都得脫光衣服裸體遊街。其二是說，所有財產都要被沒收（還有忙著把財產過戶給華僑，因而撿到便宜的）。這完全是以小人度君子的那種想像。因為這些事，日本人都幹過，視為理之當然，所以這些傳說，不脛而走，莫不驚悸，信以為真。

在當時，日本同盟通信社（共同社的前身）曾動員各地分社對民間的戰敗感覺作過調查，都說：盟軍登陸，恐怖，恐怖！怕的要死要活，最膽大的是日本人，最膽小的也是日本人，這些暫且不談。話說日皇一宣佈投降，日本就派個「投降使節團」來到馬尼拉面謁麥帥，打探聯軍進駐的計畫。這個使節團團長河邊虎四郎中將在麥帥處領旨歸來，立即跑到永田町，到首相官邸向東久邇宮稔首相與重光葵外相、近衛文麿國務相、山崎巖內相、津島壽一藏相、米內光政海相、岩田宙造司法相、千石興太郎農商相、中島知久平軍需相、小日山直登運輸相、松村謙三文相等待罪的一群，作了報告，那是投降後的第六天，八月二十一日。

於是，這些人開了會，席上，提出的要案之一是研究了怎樣先給聯軍解決「性」的問題。其間一致說道：「自己與種族的存續慾望，是動物的兩大本能，這次戰爭使這兩個本能都丟了。戰死，是自己的滅亡；在戰場上的禁慾，又妨礙了種族的延續。由戰鬥解放出來的軍人，必然是性慾橫流……」。如此這般地先來個日本式理論；還把這理論引伸到拿破崙時代的戰鬥和性的power上。

這個「戰後處理會議」，在為「性」建立理論之後，由近衛文麿提議：「要把性飢渴的佔領軍和日本婦女的提供方法，當為緊急對策」，於是想到了國家的賣春組織——特殊慰安設施協會的建立，後來覺得這個名稱太那個，四年後又以「國際親善協會」來代替了。

這個協會，以日本女人為資本，賺了不少美金。橋本嘉夫寫過一本《百億日圓的賣春市場》大著，把日本「國家賣春」的組織、目的和內容，說得有聲有色，淋漓盡致。反正是，日本為了這筆生意，提了許多理由。在若干理由中說，美軍就算很規矩，也是需要性的安慰，給他們日本女性去安慰！

「國家賣春組織」理由堂皇

日本人，最能劍及履及，想到的、說到的，立刻就辦！

在那個「戰後處理內閣會議」一完，就把當時警視廳總監坂信彌叫到內務省來了（內務省是管警察、特務的），是讓警視廳執行「任務」。另一方面，還由內務省警保局長田中樽一向各縣警察局長發出一封密函，內容是命令在各縣給盟軍建立慰安設施的要領：

一、對外國駐屯軍的賣春營業，設在一定地區，雖然以前是取締的，現在允許。

二、前項地區的選擇，由警察署長決定，日本男人不准進入。

三、警察署長對上項營業，要積極指導推進，把設備儘快充實。在「性」的慰安之外，要有飲食和娛樂場。

四、營業的婦女，先以藝妓、公私娼妓、女招待、酒女，習慣賣淫者優先，並招募之。

其實，在內閣會議之前，亦即在投降的第三天八月十八日，警視廳就開始歡迎盟軍的準備了。在準備的作業中，也是先想到了把女性給盟軍慰安的問題，真是上下不謀而合。

警視廳並先一步由保安課下了通達給「業界」代表——操賤業的頭目，又和這些頭目作了會商，如何把慰安設備搞起來。

在當時，日本的娼館都休業了，女人都作了挺身隊員，開火車的開火車，進工廠的進工廠，在死亡邊緣上，早都忘了性的生意和性的問題。戰敗，在虛脫之中還未喘過氣來，這些女性已四散得沒有蹤跡。雖然這樣，在警察的鼓吹下，有關業界代表，還是樂得幹這一行。在合作的認識下，並向警方說：

一、要招集新的女性，以便給佔領軍徹底慰安。

二、關於設施，在有新的設備以前，暫就「遊廓」（日式娼館）加以利用。

三、其他能接客的業種，也積極展開。

這是業界向警方早早提出的「要望」。還說，把以前罵美、英為鬼畜的廣播員大和撫子，提供給盟軍，也在所不惜。在這麼幾天之間，日本的「尊嚴」掃地如此，使研究日本問題人士，趣味橫生。日本國家的賣春組織（R・A・A）、賣春政策，不旋踵間，都建立起來了。

「慰安，這是個大事業！」

不但這樣，自「特殊慰安設施協會」在一九四五年八月二十六日宣告成立之後，日本政府在極端窮困之下，首先由內務省和大藏省通達給商業銀行，命令對慰安組織貸款五千萬圓。這五千萬圓，由「藝妓屋組合」、「待合業組合」、「接客業組合」、「慰安所聯合會」決定了用途——先在由橫濱到東京的國道旁（大森站的小町園）開張第一慰安所。因為美軍從橫濱或橫須賀登陸開赴東京時，這是必經之路。

錢有了，慰安所有了，組織的成立，得正式宣告一下。那是當年八月二十八日，由慰安協會的董監事、職員，還有政府來賓，在皇宮前廣場集會，宣讀了「慰安趣意書」（真是對皇宮的諷刺）。「趣意書」說：

「維蒙聖斷，聯軍即將進駐。本一億純血之精神，接受當局之命令。我東京藝妓等業組合與全國同盟會各會員，已在關東地區備妥慰安設備，用饗美軍將士……」。

那時皇宮四周已炸成焦土，還有人跪在那裏，為他們的亡國慟哭。這和他們侵略中國，大軍壓境的那種威風，頓成強烈對比。

日本把當時的慰安所稱為「企業」（可能是僅存的企業），這個企業內容如下：

一、食堂部：有西洋、中國、日本、肉食、天麩羅、汁粉、喫茶（其中的汁粉為何？不明。）

二、cabaret部：有咖啡、酒吧、舞廳。

三、慰安部：有藝妓（第一部）、娼妓（第二部）、酒女（第三部）、舞女（第四部）、女招待（第五部）與其他。

四、遊技部：有撞球、射箭、高爾夫球、網球。

五、藝能部：有演劇、電影、音樂……。

這些，都是賺美國大兵的錢，不管舞女還是食堂。那時，手裏有點食物，日本女性就跟著走，所以日本規定的娼妓云云，只是藉口而已，實際能下海的都下海去賺外匯去了。因為在銀座貼出的招募女性廣告是這樣說的：

「作為戰後國家緊急的一環，是為進駐軍慰安，這是個大事業；日本女性要率先參加。凡年齡在十八歲至二十五歲的應徵者，一律供給宿舍，被服和糧食！」這些廣告，在銀座的大街小巷，隨處可見；更不說報紙的醒目字眼。

於是，人潮擁向報名地點，那些女性們。

就是這樣，在京、濱地區，在品川、芝浦，在丸之內、銀座，在向島、小岩以及板橋、赤羽和三多摩地帶，一下子成立三十八處慰安所，慰安婦公告說七萬一千名，實際不止此數。其中說百分之八十得了性病，到美軍撤退，慰安所關門時，慰安婦只剩五萬多人，其他的死亡了。可是日本利用這些女人一共賺進了二百億日圓呢。

性產業在日本

新宿與銀座並駕齊驅，是東京最繁華的街區衢之一，新宿東站有七、八條電車線匯流，面積之大、出口之多，足以使初到的人有入迷魂陣之感。其東口，便是通向日本規模最大的花街柳巷——歌舞伎町。

每到晚上六、七點，總有不少濃妝艷抹的年輕姑娘，夾雜在夜生活的人群中由東口出來，逕自走向她們的「工作崗位」——脫衣舞場、按摩室、「大眾特殊浴場」等。同時，在銀行、貿易公司、百貨商店上班的同年齡女孩子，則匆匆踏上回家的路程。這似乎沒什麼大驚小怪的，只不過是此時，有的人剛開始工作，有的則已工作結束了。

人們也許還記得，日本電影「望鄉」上映時曾引起軒然大波。主角阿琪因生活所迫，被賣到南洋做妓女，她悲慘的一生著實催人淚下。但是，想在當今日本從事色情行業的女子中，找到阿琪式遭遇的人物，幾乎不可能了。原因很簡單，日本的經濟水平、城鄉面貌，社會意識都發生了根本的變化。

在阿琪那個時代，由於二〇年代末期開始的世界性經濟恐慌，導致日本經濟蕭條，特別是農村的兩極化十分嚴重，許多無地無業的貧苦農民只好賣兒鬻女。阿琪就是在這樣的社會背景下身陷風塵的。阿琪是被迫的，是不情願的。而今天的日本，經過戰後四十餘年持續穩定的發展，已跨入能左右世界市場的經濟大國行列。國民生活富足，社會福利制度健全，貧困已成為日本青年的陌生字眼。那麼，在這種情況下，為什麼還會有大批年輕女子心甘情願地投入性產業呢？她們到底是怎樣的一群人？是什麼原因促使她們走上這條路的呢？

最近日本某家電視臺曾經辦過一次「新人類（對六〇年代經濟高速成長期出生的青年人的別稱）座談會」。五、六位在色情場所工作的年輕女子，跟其他同輩的年輕人，一道暢談自己的人生觀、社會觀，和對未來的憧憬與抱負。她們的臉上，根本看不出有絲毫低人一等的表情。

節目主持人問：「各位對自己的工作有什麼看法？」

一位身體瘦弱，穿著質料不錯的陪浴女郎說：「我熱愛我的工作。我認為它跟飲食業、旅遊業一樣同屬服務業。它雖不比其它行業高尚，但也絕不低賤。唯一不同的是，這種行業提供的服務比一般行業直接、貼切。我始終努力地使客人得到最大的滿足，否則我會覺得過意不去，因為他們花了那麼多錢……。」

她剛說完，觀眾席的角落傳來一陣掌聲。這是她的常客特地趕來為她聲援。他們宣稱自己不僅是她的客人，也是她的好朋友。

另一位身材修長的脫衣舞女說：「我並不滿於現在的職業。我的目標是想成為和黑木瞳（名成人電影女演員）一樣的演員。目前的工作只是實現理想的跳板而已。我已經獲得在一部色情片中扮演配角的機會……。」

主持人又詢問在座其他的新人類對從事色情業女性的看法。

一個女大學生讚歎道：「我發現她們的身材是那樣的勻稱、苗條，具備這種天姿的人，才會充滿自信地使其成為商品。」

一位家庭主婦則表示：「只要給錢就不分對象地發生肉體關係是骯髒、可恥的。」

那位脫衣舞女馬上反唇相譏說：「這是對我們人格的不尊重。難道忠實的做男友、未婚夫或丈夫發泄性慾的奴隸就那麼光榮了嗎？」

從以上這段座談記錄，就可以看出今天日本色情業女郎的思想意識和生活態度。

根據總理府的調查報告指出，被警察取締的賣淫女子，平均年齡為二十九歲，其中百分之七十以上是出身於中產階級家庭。而且，絕大部份是自願走上賣淫這條路的，主要目的當然是為了賺大錢。

大學畢業剛進公司的職員，月收約在二十萬日圓上下，而風塵女郎的收入至少四、五十萬日圓；月入一百萬日圓以上的也不稀罕。幹個兩、三年，就能成為周圍人士不敢小覷的富豪。住好房子、穿高級服裝及海外旅行都需要錢，強烈的掙錢慾望，使得一些姑娘把貞操丟到腦後，管他三七二十一，先把幾千萬日圓弄到手再說。

從事性產業的女性當中，亦不乏有理想、抱負之人；據調查，妓女中的百分之四十以上是高中畢業生，還有百分之十左右是大專程度的。這些擁有相當知識的女性，有的想成為色情片電影明星；有的想開西點麵包店；也有的想為將來的小家庭購置一幢豪華住宅。這種理想型的女郎，對此根本不會覺得羞恥，她們甚至蔑視那些二十出頭就結婚，把青春埋沒於家務堆裏的那些少女。

當然，性產業，它需要年輕「勞動力」能源源不斷地補充進來，它有其深刻的歷史背景和社會因素。首先是二次大戰後，日本人性意識的改變。

近代以前的日本農村，對年輕人的兩性關係一向比較寬容。未婚女子時常聚集在被稱為「娘宿」的公共場所過夜，而青年男子也可以自由來訪、留宿。在「娘宿」發生性關係的男女青年，日後結為夫妻的事例極為普遍。諷刺的是，明治維新後隨著日本的對外開放，西歐基督教的禁慾主義思想滲透進來，「處女」觀念才開始受到重視。

大戰後，隨著社會民主制度的確立，憑藉傳統道德觀念和法律來限制性愛的時代，一去不復返了。一九四九年，描寫津輕地區性崇拜的小說《石中先生行狀記》，被警察當局指為傷風敗俗，但在國民要求言論自由的強大壓力下，當局只好退卻。從此，文藝作品中描寫性的禁忌已被打破。

一九六〇年，介紹性知識和性愛技巧的讀物出版發行，這使得日本人在性思想史上，引起了劃時代的變革：性的概念從生殖概念中分離出來。在這性革命時代成長的年輕一代，其性意識的開放程度自然不難想像。

ＮＨＫ電視臺所做的「日本人的性意識」調查結果顯示，十六歲到二十九歲的年輕女性，對婚前發生性行為持贊成態度的佔百分之六十以上。其中二十歲到二十四歲之間比率最高，達百分之七十五以上。這當中，認為應有條件（訂婚者或相愛者）者為百分之六十五；認為不需要任何條件的亦佔百分之二十左右；這些女性中的一部份投身於性產業中，自然不需大驚小怪。

性意識的變化還影響到人們對賣淫本身的看法。社會上大多數人對此當然是持否定的態度，但對這種行為的善惡程度，在評價上卻有了相當大的變化。

一家公司進行過青年男女善惡觀的調查。問「你是否認為下列行為是完全錯誤的？」其中認為「擅自使用別人的汽車」是完全錯誤的人，男性為百分之七十六，女性為百分之七十九；而認為「賣淫」是完全錯誤的人，則各為百分之三十四和百分之六十一。這種對賣淫相對寬容的態度，大大減輕了女性在性產業所承受的社會壓力。

賣淫行為在日本是法律嚴禁的，一旦發現，警方會立即採取行動加以取締，但卻無力徹底杜絕性產業的存在。因為警方必須注意到個人私生活不受侵犯，和正常的營業活動不被干擾，否則輿論界會讓他們吃不消的。

促使女性們走入性產業的，還有高度信息化時代傳播媒介的推波助瀾。深夜電視節目、娛樂性報刊雜誌，經常有大量關於性產業如接客方法，收入情況等等的報導。據警方調查，未滿二十歲的妓女中，在初次接客前看過此類報導並感到有興趣者，竟達百分之七十。這類報導消除了不少她們對賣淫的羞恥感和罪惡感。

在阿琪做妓女的那個時代，賣淫即是賣身。妓女們失去最基本的人身自由，一切都聽從老鴇指令。從良時所需的巨額贖金，使她們欲罷不能。今天，這樣的情況已不復存在。除了工作時間外，色情業的女郎們完全是自由的。她們隨時都可以洗手不幹，而無需為此交付贖金給任何人。當然，棄娼從善也並非那麼容易，因為要抑制賺大錢的慾望，是需要相當大的決心的。

在現代化浪潮沖擊下，傳統的性產業在經營形式上也出現了許多新花樣。如幽會俱樂部、愛人銀行等派遣型的服務等，早已取代了招客進店的傳統方式。這種利用現代通信和宣傳廣告聯繫客人的辦法，使買春和賣春的雙方，直接交往以避人耳目，真可謂服務到家了。

同時，許多相關的產業，也因此而衍生出來。

——專門表演淫穢畫面，甚至赤裸裸的性交過程的錄影帶、錄音帶及影集等，對演出的女性可獲得豐厚的報酬。

——刺激性慾用的補助工具、藥品、化妝品及模擬人、竊聽竊視等器材到處氾濫。

——傳播各類性產業的廣告宣傳和出版業大行其道。

性產業已充分利用現代科學技術，發展為多層次、立體化的行業。

但是，千變萬化，有一點總是不會改變的。即無論哪個時代，哪個社會，賣淫行為總是被視為違反性道德、損害人類尊嚴，並且是敗壞社會風俗的。

歌舞伎町夜晚的女主人，固然可以獲得比一般ＯＬ高幾倍的收入，可以去購買一般女性只能望洋興嘆的高級商品；開點心店和買高級住宅的理想，也可能在不遠的將來會實現，但留在自己人生中的污點，卻永遠也抹不掉。即使她們自己意識不到或根本不去想它，其丈夫、子女和親屬也會在心中留下陰影。事實上，風塵女郎幾乎都對洗手不幹後的職業和婚姻，懷有恐懼和不安。

性產業跟黑社會勢力總有著千絲萬縷的聯繫，它是暴力集團重要的收入來源。妓女很容易被牽連到各種犯罪事件中，甚至於因此而遭殺害。不久前，在沖繩的一家飯店，就有一名夜總會女招待赤裸的死在房裡……。

許多妓女是鴉片、海洛因的嗜好者。賣淫場所往往就是毒品的傳播站。

一些因父母離婚或家庭不和而出走的少女，往往成為某些居心不良之人的獵取目標，他們慫恿這些涉世未深的女孩子出賣肉體，從中獲取暴利，而少女們的身心卻受到嚴重的摧殘。尤其是未成年的女學生，給人清純、可愛之感，性產業則利用這一點，來刺激男人的佔有慾，因此穿著水手式制服的女中學生就成了時髦的招牌。

值得一提的是，在日本的性產業中，還有許多來自東南亞國家的女性。她們大多出身於貧困的農村地區，為了養家糊口來到異國他鄉，其中不少人在被逼迫下，拚命地接客，生理期間也得不到休息。而得來的收入，大部份又被老鴇和人口販子侵吞掉。從她們身上，我們似乎可以看到阿琪時代的影子。日本的經濟發展，相當依賴發展中國家的人力資源，而性產業在這方面，似乎也在拚命搾取著發展中國家的廉價「勞力」。

不光是引進來的，還有走出去的。每年都有不少日本觀光客到東南亞做「買春旅行」。前些時候，一家電視臺播放了「日本人的遺失物」的專題採訪，介紹菲律賓妓女因接待日本遊客而生下大批日菲混血兒的故事。這些孩子白天在垃圾堆裡尋找食物，夜晚露宿街頭，連最低限度的生活也難以維持。有個十二歲的小姑娘成了新一代妓女，她述說老鴇教她怎樣接客時，還帶著一臉稚氣。她怎麼會明白大人叫唆的？及她和大人們做的事意味著什麼!?

從前的禁慾主義禁不住性產業的發展，今日的性解放也沒有威脅到它的存在；源於貧困的賣淫尚未完全消失，追求富裕的賣淫又已應運而生。從四千多年前古埃及十八代王朝就有的傳統產業，又將以怎樣的姿態迎接二十一世紀的到來呢？阿琪的後輩——歌舞伎町的「新人類」，是否曾考慮過這個問題？

「自殺小說」在日本最暢銷

現在，走到日本大型書店，觸目驚心的，有一大堆「自殺小說」陳列在書架上或散亂在攤位上。奇怪，寫什麼不好，偏偏拿「自殺」當題材，教人尋死！

確實，去年一年，日本自殺的有二萬一千八百五十一人之多。警方說在自殺者當中男人超過了女人，這些活不下去的男人，因經濟關係走上絕路的，較前年增加了百分之二十，是兩千四百八十四人，這是從死者的遺書統計出來的。其中，在京都西北一百公里的丹後半島，是日本生絲主要產地，當年就有二十二人，因經營困難，收入不到好景的三分之一，欠債無法償還，最後只有一死了之。

大概是這些寫「自殺小說」的，看到了日本社會的不尋常現象，動起歪腦筋來，找上了弱者的弱點，這種靈感是很殘酷的，不但沒有愛，而且是以死相加，反讓讀者受到沉重的壓力。

在這些「自殺小說」之中，有個叫鶴見濟的作者，他寫了一本《完全自殺MANUAL》（自殺入門或自殺目錄）。此書一出版之後，一下子就賣了十七萬冊！

書裏都說些什麼呢？

這位東大出身的作者，懂些化學知識，他所列出的十一種自殺方法中，其中有一種說Calmotin可以隨便在藥房買得到，服用相當量，可在一小時內停止呼吸。至於其他方法，也就不忍卒讀了。

說也奇怪，竟然真有人拿著他這本書去自殺！

新聞報導說，近年來日本經濟蕭條，在重商主義社會裏，人與人之間失去了同情和溫暖，一遇到挫折，就感到生路斷絕，走投無門了。

現在，日本除了自殺的人增多，他殺事件也不斷發生。在不久前，有個「愛犬家」把與他不相干的一家五口人放火燒死了；接著有青山學院大學生的殺人悲劇；還有一樁美容師分屍事件等等……。更說不過去的，是骨肉相殘，子弒其親的那類新聞，諸如父子為爭看某個電視節目，還是初中生的學生舉刀殺死其父。這樣的人間慘劇，近年來在日本時常出現（在殺人事件中，有五分之一是親子之間動刀），於是日本大學醫學部教授渡邊登動員了七個大學的三千人，對日本青年的精神狀態進行調查，結果說在兩個學生中，就有一個精神不健康，患有STRESS症（見本年一月二十七日的《朝日新聞》）。這份報告也說到：在全世界的類似患者平均只有十分之一，顯然日本青年的精神狀態，有問題者的比重太高。

這些青年，如果再看了「自殺入門」這種書，很難說不受影響。也許正因如此，才能暢銷了十七萬冊吧！正常的人，誰會看那樣的書呢！

可是作者自己說，他是按時代背景與社會要求來寫作的。自殺者的增加，他沒責任，並強調了寫作的自由。

這樣的書，也居然在《讀賣新聞》的廣告欄出現過。評論家甚且說：「在這緊張抑鬱的社會，指出解脫的方向，也算給人們開一扇窗子」。就我們來看，這話也是不通的，有自殺那樣勇氣，還怕困難克服不了？

日本，一遇不景氣，社會就開始扭曲變態，這類「自殺」出版物的成為熱門，也是社會變態現象之一。這種現象，日本在昭和初期（一九二七年）也發生過。那是日本經濟史上著名的「金融恐慌」時期，在整個社會不安之中，風化業和賭博卻大行其道。其時各種密教、邪教乘時而起，有人一拍胸脯說他是救主，就有信徒趨之若鶩。因為人們心靈空虛。

現在日本這類邪門的事也多起來了，黃色電影小說不在話下，像宮澤理惠那樣明星說脫就脫也不稀奇。最成問題的是，迷於「靈魂」之說的人口大增。據「國民生活中心」的調查，有些神棍宣稱，能在「靈界」使人超脫，於是前往求神問卜的接踵而至，「相談」一次要收幾千圓的費用。

還有人以「靈魂鑑定」、「命運改善」、「煩惱解除」等名目，被神棍騙去幾百萬的。那些神棍，在「鑑定命運」過程，不是說「妳的兒子要自殺」，就是威脅說「不久會發生橫禍」等令人驚駭、不安的恐嚇之言。

日本人是很信神的，但是當被敲竹槓的次數太多，承受不起時，便向「國民生活中心」投訴，這種事例，已經太多，這和寫「自殺入門」那些作者的行為，大同小異。日本人說這是「不況STRESS症候群」。不況，是蕭條的意思。

由於經濟蕭條，在有關新聞調查中，自認生活苦的占百分之三十七，中小企業說經營困難的占百分之四十三，對於今後展望抱悲觀主義的占百分之三十六。風水輪流轉，好花不常開，好景不常在，日本也是一樣。

大江健三郎和日本戰後文學

住在東京世田谷區成城的大江健三郎，十四日突然接獲瑞典皇家學院撥來的電話，告訴他已是今年諾貝爾文學獎得主。可是，他未聽明白對方的英語，到底說的是什麼，以為是邀請他作一次演講呢！

接著，外電報導了這項消息，記者也成群的來到他的住宅，霎時間，這條恬靜的巷子，頓時熱鬧起來了，在東京時間下午十時許。

這個突來的消息，使大江氏措手不及的感到有些震驚，雖然在一兩年前就傳說他有獲得諾貝爾文學獎可能，卻是誰也無法預見那個日子何時來臨，以及是否有那樣希望，因為世界這樣大，文學工作者那樣多。

不但大江先生措手不及，許多駐在東京的記者，也是只聞其名，手頭沒有他的資料，在這頃刻之間，我接到幾通電話（一是來自外國記者同業，二是來自國內兩家報社），但是，離發稿時間只有一百多分鐘，而我的資料，因搬家，都裝在箱子裡，不知去處，於是翻來覆去地把所有資料倒滿一地，在散亂一團中，找到一冊《日本作家履歷書》，當然其中有大江健三郎的資料。

一陣忙碌後，當晚我就睡在辦公室裡了。

大江健三郎，在證實他已獲得諾貝爾獎之後，對擁上前來的記者說：「日本文字水準是很高的，諸如安部公房、大岡昇平、井伏鱒二，都有獲得諾貝爾獎的資格」，他說：他的獲獎，希望能給亞洲文字帶來發言權和應有地位。

大江健三郎，是一九三五年，生於愛媛縣喜多郡大瀨村。高中是在故鄉的松山完成學業的，一九五四年四月考入東大文科（第二類法文系），在這之前就勤於寫作，並有劇本之類作品不斷的發表，終在一九五八年，以《飼育》短篇小說，獲得第三十九屆芥川賞，那時他還是東大的學生。翌年三月畢業，他的畢業論文是《Jean-Paul Sartre的小說之感覺》。Sartre，是法國作家，也是存在主義的思想家，著有《嘔吐》、《自由之路》、《污穢的手》、《有與無》等作品，早在一九六四年，就發表了他是諾貝爾文學獎得主，可是他謙辭，避不接受。只就這一點來說，Sartre既是一傑，也是一怪！因此大江健三郎對他十分傾倒，所受影響亦多。這從《文學界》雜誌在一九六〇年連載的《青年之污名》以及他後來參加反安保鬥爭，充滿反戰意識，可以看得出來。

日本諾貝爾文學獎得主大江健三郎，在一九六一年就曾訪問過赤色中國大陸（去過三次）——，在那時期，他既受到右派團體的威脅，也遭遇過左派的批判。所以他寫了一部《呼喊》長篇，連載於《群像》文學雜誌，並由講談社刊為單行本了。

大江健三郎也寫趣味性作品，例如《性的人間》，便是其一。作家不能沒有童心，更不能沒有豐富感情和敏銳的觀察力，這些，大江健三郎都具備。他和川端康成以描寫日本的美為主，兩人路線不同。

大江健三郎的寫作過程和特徵，是他抓緊了人類當前面臨的問題——核武器的恐怖。其代表作《廣島筆記》，是由一九六四年四月起，在《世界》雜誌連載了半年，雖然西洋研究日本文學者說這本書沒有文學性，可是這次瑞典皇家學院代表者說，它有超越性！超越在它是人類共同問題。

的確，把眼光集中在人類生存問題上，這對日本人來說，是不容易的。通常他們是只想自己，當然，原子彈掉在廣島這個事實，就已經深及他們的「自己」，從這觀點來說，他的反映現實，並不特殊。要緊的是他把這悲慘紀錄，訴之於世，並得到了同情，是很成功的。

日本文學的西譯，這些年來他們下了不少工夫。在第二次世界大戰前，日本文學被翻譯成外文的，只有《源氏物語》等少數作品，在進入一九六〇年代以後，許多成名作家的作品，諸如安部公房、川端康成、谷崎潤一郎、三島由紀夫等所寫小說，都有英文本或法文本問世。最近幾年，井上靖、圓地文子、遠藤周作、野間宏，以及新生代的中上健次、津島佑子、島田雅彥等，也都把他們的著作外文化了。在德國且出版了德文的《日本文學集》，這些，在日本筆會發行的*Japanese Literature in Foreign Language*裡，收錄有五千種，約二十萬字之多。

所以，日本的一再獲得諾貝爾文學獎，還是由努力，再努力而來。文藝評論家川西政明說，他們的文學已經世界化了，這倒未必；相反的黑井千次說，大江健三郎是從束縛中逃出來了，有幾分哲理。世界在變，日本文學也在變，這是事實。

大江健三郎的性文學

健三郎是個奇特的作家，不管別人怎麼看，怎麼評，我表現我的，外見普通，心有山溪野鶴。

健三郎是個難解的作家，在平淡中有異想，在情節上有怪誕，在虛無中有譏刺，微詞托意作冷諷。

健三郎是拼命三郎，寫、寫、寫到失眠服藥中毒，也不曾停。他，時到現在還有赤子之心。

大學時代完成處女作《天嘆》

日本諾貝爾文學獎得主大江健三郎，從一九五四年四月進入東京大學，就開始了寫作生涯。他的處女作，應該是在入學那年的九月，為同學演出所寫的劇本《天嘆》；雖然在這以前的高中時代，曾為學校文藝部編過校刊《掌上》，並寫過詩和評論，但那作品未曾面世。

大江氏繼《天嘆》之後，在一九五五年九月號東大教養學部校友會的會刊《學園》上，以〈火山〉一文，獲得銀杏並木賞，這對他是一很大鼓舞，因為東大教養學部人才濟濟。接著他又寫了《夏日休暇》劇本，內容充滿著幻想和抽象情懷。在這時期，同學們就意識到，健三郎是個作家的料子了。

《罪與罰》對大江具啟發作用

大江氏，是生在愛媛縣喜多郡大瀨村，這裡群山迤邐，在日本四國算是不太方便的鄉下，但有一片翠綠世界和自然之美。他說，他在那小小的村莊裡，戰後突然造起一棟公民館，館裡有了圖書室，圖書室的藏書不過是從附近民家搜羅而來，那時才十三、四歲的健三郎，一股腦的把這些藏書都通讀了一遍，其中的《三宅雪嶺隨想集》以及雪嶺的《同時代史》，引起了他很大的興趣。在所有這些書籍都看過後，便央求母親從遠處郵購，買到的第一本是Dostoevski的《罪與罰》（岩波文庫）。這部一八六六年的作品，對他的啟發更多。這是說健三郎從小就是用功的孩子，更不說在這以後的不斷努力了。

因《奇妙的工作》躍上日本文壇

一九五七年五月，在《東大新聞》發表了《奇妙的工作》，獲「文藝祭」獎，從此脫穎而出，躍上日本文壇。《奇妙的工作》說些什麼呢？

場景是設在醫院，醫院裡養了一百五十條狗。這些狗要在三天殺光——由三個打工的學生幫忙。其中有東大的和私立大學的男生和女生，在男女生之間議論起殺狗的卑鄙問題來了。東大生說應該讓殺狗的同業去幹，私大生說就是用了毒餌亦非好事……總之，由學生做殺狗的打工工作，是對青年層的貶抑，更把那種虛無心情作了浮雕。評者平野謙說，這比「中間小說」好。日本既有「中間小說」，又有「私小說」，前者是指介於大眾文學和純文字之間的通俗小說；後者是以自我體驗為主體的那種小說。他們對文學的分類是很苛細的，無論你是否贊成。

除了殺狗使人感到奇異以外，大江健三郎在《死者的奢侈》作品裡，也把故事背景設在醫院，在大學附設醫院的地下室陳列著解剖用的屍體，屍體應該沒有什麼文章好作，卻是管理用藥水泡在木槽裡那些屍體的人，打工的男女學生，成了主人翁。在這些主人翁之中，還有身懷六甲的女生。她們幹什麼呢？給那死屍在腳上掛號碼牌子以及為那死屍槽子換藥水溶液。故事的展開，不是號碼牌子錯了，就是死屍的去向不對。

《毀芽棄子》靈感來自童年不愉快的記憶

大江健三郎的作品特多。前面所說《死者的奢侈》，是一九五七年八月發表在《文學界》的（純文學刊物），他自己說，從這時開始就真實的成為作家了。當然那是成功之作，那是緊接著《奇妙的工作》之後的產品。在這一年之間，相繼有《他人之足》、《石膏假面具》、《偽證之時》等作品問世。到一九五八年，不但把《死者的奢侈》由文藝春秋出了單行本，更發表了《飼育》、《運搬》、《鳩》等新作。其間，有一篇發表在《群像》雜誌的《毀芽棄子》（摧殘幼苗蹂躪稚子），它是多達三百多張稿紙的長篇。可是這個題目，日本讀者都說不讀完它的內容不能明白。把題目設定得使讀者也難懂，是大江文學的特徵之一。他自己的解釋，是在孩提時代，他們村長曾威脅說：「像你那樣不成器的東西，在小時就該捏死。我們農民對壞的芽一冒出來就把它除掉。」作者想起幼年種種，完成這個傑作，一直抱著滿足感和得意的神情。

《毀芽棄子》共有十章，是寫戰時一些未成年犯人被關到感化院裡，在空襲疏散時逃走的故事，它是代表作之一，後來由「講談社」給出版了，這是他的第二個集子。大江於一九五八年七月以《飼育》短篇贏得第三十九屆芥川賞，那時他不過二十三歲的大學生。從此便更勤於寫作——《意外的啞》、《喝采》、《戰鬥的今日》等相繼出籠。為應付各文學雜誌索稿，晝夜不停的忙起來了，忙得疲憊不堪，常靠安眠藥度夜，並有過服藥中毒的經過。他為了寫作，有時竟把窗帘拉下來，把自己關在屋子裡，在文思枯竭時酗酒！所以，作家如果不是有個理念支持，爬格子是爬不下去的，它不是想像那樣的愜意工作。

大江的性文學多放蕩

大江健三郎在一九五九大學畢業那年，除了寫論文——「Jean-Paul Sartre的小說的感覺」以外，更有《北之島》《夜慢行》、《此外的地方》與《我們的時代》等作品問世。其中在《婦人公論》連載的《夜慢行》和相繼完成的《我們的時代》，都出了單行本。卻是在這之後，走入了「性」的世界。他為什麼對「性」有了興趣？也許是個謎；但是在日本的作家群裡以及在讀者之間，沒有一個覺得奇怪的。所以，他一在《群像》雜誌發表了〈我們的性世界〉，就受到了評價，這是一篇隨筆（散文）。接著又有〈十七歲〉與〈共同生活〉的登場。「共同生活」幾個漢字，在日本是同居的意思。後來，在昭和三十八年（一九六三），把所有這方面作品，集為《性的人間》，由新潮社收為一冊刊行於世，它，前後出了四十五版，賣了六十多萬冊，堪稱「洛陽紙貴」。

可是，《性的人間》，有醜和美的兩面，但看怎麼下筆。

健三郎所寫的「性」，是放蕩的「性」、任性的「性」、亂七八糟的「性」；沒有花前月下，沒有纏綿悱惻，沒有愛的序曲，更沒有海誓山盟的那種感人鏡頭。是赤裸裸的、光禿禿的、粗線條的「性」！

在《性的人間》裡，一開頭就把四男三女塞進一輛JAGUAR高級轎車裡，在大江氏的筆下，擠在車裡的七個男女，有個十八歲姑娘是光著身子裸體其間。就是這樣，車在黃昏時刻由東京出發北上了。

五人席位的轎車，擠上七個男女，且有光屁股的，一路肢體衝突之外，展開了性的挑逗、性的話語、性的興奮、纖塵不避的說那身體上的機密。可是，車上的人物安排，是異乎尋常的有一對夫妻和男方的妹妹。丈夫是二十九歲的J，太太是二十五歲的蜜子，妹妹也二十七歲了，是學彫刻的。此外是四十歲的男性攝影師、二十五歲的男性詩人與三十歲的男演員以及十八歲的少女，她是歌手。她們是到東北地區的耳梨灣去拍一部影片——「地獄」的片斷。故事、性，就由這裡展開了。

那裸體的十八歲姑娘在車上說：「我給政治家幹過活，那是在特殊的集會時，遇到一個十六歲的女青年，她在預備室，政治家喜歡看她那鯰魚嘴似的地方，所以她不化妝只是在那坐著。」

這是大江「性」文學表現的一例。

可是，當這些男女坐的轎車開赴預定地的一處別墅時，「性」小說的內容一變，有介紹不完的那些，都是粗言粗語直指「要害」。原來J的太太蜜子在大學時代，就和這次同行的詩人上過床，那個十八歲的歌手也早和二十九歲的J有不可告人的關係。於是，夜裡就亂了……。

性，是不是作家的題材，我不多說。這問題在日本，他們是抱肯定態度的，這可由澀澤龍彥對大江氏的評論看得出來。他說：「一般作家都有個參考或模仿對象，只有大江健三郎的文體是具革命性和獨創性格的。無論在官能上的比喻與在情愛(erotic)上的感覺，都是排斥禁制和禁慾的與以往不同。」

其實日本寫「性」小說的大有人在，禁慾在日本是談不上的，尤其晚近以來。倒是他說大江先生在心理傾向上有幼兒性格——寫「性」，就像十二、三歲兒童直指對方那個部位撒野一樣，毫無掩蓋的來個暴露。

另個特徵，是大江氏寫「性」，也把政治家扯進去，加以揶揄嘲弄。他這作風曾引起麻煩。那是在他的〈十七歲〉大作中，時常把故事裡少年寫得有「自瀆癖」、「劣等感」以外，竟在第二部寫到一個政治少年想如何放棄和否定天皇的超越地位，於是受到右翼的干涉和威脅，幾至生命不保，直到出版社出來道歉，才淡化了這個風波，那是一九六〇年代的事。

太太是個大美人，夫妻生活美滿

大江健三郎早有「全集」問世，是由兩百餘篇單元和四十多種單行本選集出來的，他是多產作家之一，可是命運多舛。

就是在他意識到「性」小說是可行的，並完成了〈我們的性世界〉的第二年（一九六〇）二月，他和高中時代同學的妹妹伊丹由加里（其父為伊丹萬作，已故）結婚了。他太太是個大美人，夫婦生活圓滿快慰，偏偏在第三個年頭生下個怪嬰——頭蓋骨異常，發育畸型，這可給他帶來了無比的煩惱。當時為嬰兒動了手術，卻是徒勞無功，於是萬念俱灰，猶如掉進萬丈深淵。他自己說，他的夢都破碎了，有一天帶著酒囊，由小田急線去了江之島附近的鵠沼海岸。遠望水天一色，近處沙丘起伏，他在那裡孤獨的豪飲起來，一杯杯的進肚之後，他想跳海——游泳而去！日本的大作家太宰治是赴水而死，芥川龍之介、川端康成、三島由紀夫，都是自殺而死，死對作家來說也許是輕如鴻毛的事。但是，為生個畸型孩子而自殺，那個逃避現實的行為就太無勇氣了，對不起妻子，也對不起社會。他半清醒的又提起包袱回家了。從此，他有了「與弱者共生」的思想，並迭次在他的作品裡，強調了他的體驗和他的念頭，並給了他的殘障孩子命名為光。用來驅散命運多舛的黯淡心情。

大江氏在這前後發表的作品，有《吶喊聲》、《不滿足》、《世界青年人》、《日常生活的冒險》等，後者是受右派威脅有感而發。日本的右派、左派，可不像其他國家的那樣，所以已告定型的觀念和評價法用不上，因為日本有意識型態以外的問題，其間右派刺殺了淺沼稻次郎，就是很厲害的表現之一。這由大江健三郎在這稍後所寫的《下降生活者》，以及其他作品，可以看出大概。

《廣島日記》使他步上世界文壇

健三郎在生了個不健康的孩子後，在頹喪中迅速的站了起來，把寫作角度也變了。諸如《原子年齡的守護神》、《個人的體驗》（這個長篇得了新潮文藝賞）。隨後他應岩波書店的編者之邀去了廣島，是調查原子彈投到該地的慘狀，於是有《廣島筆記》在《世界》雜誌連載了五期，獲得很多迴響和肯定（每年有一萬讀者看這本書），也受到了歐美國家重視。接著又完成了《萬延元年橄欖球》巨著和《跑，向前跑》！至此，十年心血未白費，他已是赫赫有名的大作家。但是在他的作品裡，生了殘障嬰兒以後的作品，時常提到殘弱者的故事。例如在《萬延元年橄欖球》一書所設定的：「主人公根所蜜三郎，他是東大文學部講師，並靠翻譯生物學文獻來生活的知識分子，他有個腦缺陷的幼兒，送到養護所，常使其他兒童感到恐怖，這位主人公和妻性交也陷不可能狀態了。……。」這明明是說他自己的遭遇，把自己的不幸小說化了的。

日本萬延元年，是一八六〇年，這部小說是寫明治時代以前百姓造反，內容變化多端，它是健三郎的最高傑作，已被譯成幾國文字，在海外受到了研究日本文學的歡迎。這些，都是由一九五七到六七年之間的前期作品，細微之處，一時是數不清的了。

大江是個「左」「右」都不討好的作家

大致來說，作家的混身都像埋著雷達似的多感地帶，也常興起片片思潮。大江氏更不例外，他對日本政治，對右派的跋扈與好戰性格，看不慣是免不了的。也許因此，他在六〇年代參加了「新日本文學會」。這個學會的主持人，是鼎鼎大名的宮本百合子，她所著《風知草》、《兩處庭》以及《道標》，傳誦於時。這位女作家不是別人，是日本共產黨首領宮本顯治的元配夫人，早已與世長辭，享年僅得五十一歲。這個組織的另外幾員大將，有以「私小說」登場的中野重治，與嚐過鐵窗風味的埴谷雄高以及安部公房等。後者曾提倡「人民文學」。但是這些作者在日本文壇並未發生多大作用；相反的，受到了以「人道主義」(humanism)自居的平岡公威等作家的圍攻。平岡，即切腹自殺的三島由紀夫，他是宦門子弟，父親曾是官僚，如果此公還活著，眼見大江健三郎得了諾貝爾獎，不自殺也會氣死！

大江健三郎參加這個文學會，沒有多久就退出了，但是他在中、蘇共翻臉最緊張時期，與其他作者一同訪問過北京；也到莫斯科出席過「亞非作家會議」。雖然這樣，沒人說他是共產黨或社會主義信仰者。他的思想一直維持了我行我素的獨立性格，並未走上無產階級文學之路。正因如此，在右派看他不順眼時，左派也未作任何聲援行動，他們不是同路人。

擺脫日本傳統思想桎梏

通常，作家只是「世事」「世態」的觀察者，不介入政治行動。大江先生不同，他既參加了反對美軍擴大基地的示威運動，又參加了反安保鬥爭。前者是在東京近郊立川基地，當時與警察衝突，有近千人受傷；後者是在國會前，排山倒海的震撼了東京。風潮所至，很老實的大江桑，也開始不老實了，在那動盪時代。

健三郎沒有宗教信仰，他說日本人已為太多的信仰而疲倦，他的嗜好是喜讀各色各樣的書，不但外國文學不放過，只要那出版物對他有啟發力。他說「岩波文庫」，幾乎一出來就買到手，有七、八成都是先睹為快了。載於《世界》雜誌的論文，從十九歲到五十九歲的四十年間，篇篇不曾遺漏。其他諸如凱因斯的經濟學，大塚久雄、大內兵衛的著作，無不「遍歷」。其中對外國作品的言論尤其表示關心。

大江氏的思想，是在許多方面想擺脫日本式的桎梏，他喜歡法國哲學家Passal Blaise的著作，更傾慕Albert Camus的作品，特別是對Jean-Paul Sartre的實存主義，感到很大興趣。大江氏涉獵的外國文學甚廣，諸如Wiliam Fanlkner（一九四九年諾貝爾文學獎得主）作品和早期法國詩人Charles Perraclt的詩集，早就耳熟能詳了。不但這樣，他對海外那些從事既現實又有重大責任的工作者，所發表的著述也不放過，他說曾任美國國防部長的麥納馬拉以及駐蘇大使肯南，既是製造冷戰的「委託人」(commit)，又是有深入理論使「信仰變更」(conversion)者，所以他們的「自傳」或「隨筆」值得閱讀，可以吸收知識找共感。後來有人說他是「現發現實」，是受外國文學影響，這個成分不是沒有，因為他在行文上的蹩腳性，就像來自翻譯似的不怎麼通暢，雖然不是翻譯的。

大江的思想，是在純情之中，表達他的理性。他說：日本在戰後應該賠償有關國家，這不止是為了對方，也為自己心安理得。大體來說，他是個和平主義者，所以受到人們的肯定。

追求「異化」的創作方法

大江怎麼寫作？可能是較難回答的問題。他自己說，是用詩的語言，並把它「異化」(alienation)了的。「異化」一詞，有許多解釋。在藝術上，是說把日常所見，已告習慣了的表現形式，或已平淡了的那些問題，用不同眼光去看待，使有更進一層的感受。它是早期（一八九〇年代）由希可洛夫斯基(V. B. Shklovski)提倡的。另方面，「異化」也當離開社會公認價值解。在黑格爾來看，「異化」的本質，是植基於人在世界存在的本性中。大江氏的「異化」，是在小說裡，使適合自己內心的構造，把外界狀況加以變化、同化之意。相反的，把自己向適合外界變化而變化，也是「異化」的一種。

大江健三郎獲得諾貝爾文學獎的理由，瑞典皇家學院說：「是因為以詩的創造力，把現實和神話作了密切結合，表現了想像的世界，並對人間樣態，作了衝擊性的描述。」這話多少有著抽象感，也許這個評語，也因「異化」而異化了，他的成就到底何在？有人說他的幾部小說之譯成英文、德文、俄文的翻譯很成功，所以受到了西方文學界的青睞。此外他也奔波於歐美各地，訪問過美國加州大學、史丹佛大學、伊里諾和芝加哥大學。在一九八三年六月還在加州大學做過特別研究員。一九八七年曾到法國參加了日本文學法譯研討會，且在布魯塞爾接受了「歐洲文學獎」。這些活動，對他思想的深化與聲望的提高，有一定的好處。

大江氏的寫作，除了把故事「異化」以外，也講究了「活性化」，並把想像力「高度化」，例如一九八三年發表的《跳蚤的幽靈》，就是趣味橫生的這類作品。他有《小說方法》問世，但無論如何，這裡是容納不下了。

川端康成的愛和死

一九七二年四月十六日，川端先生在他書房扭開瓦斯開關，讓那毒氣衝著他的鼻子，結束了他的生命。這一自殺消息，在當時震撼了日本，也傳遍了世界，謎一般的使人不解。

對此，在若干研究川端康成的著作中，有兩本作了多方求證，並道出了隱情。其一是一九七七年五月，由臼井吉見所寫的《事故顛末》，詳細的指出，川端康成之死，是為愛上了他喜歡的一位少女，那少女是在他身邊服務，當臨時工來幫忙的，芳齡二十四歲。

川端康成在當時已七十三歲，他是一九二六年二十七歲時，和松本秀子女士由同居而成為夫妻的，「入籍」（報戶口）是在五年後的一九三一年。一個有家庭的成名作家，在一般概念裡應該老老實實的埋頭寫作。可是，明治年間出生的日本人，不但男女平等談不上，在思維上也是很特殊的，有著異樣性格，婚外情對「男子大丈夫」來說，是平常事。

川端康成在自殺以前，曾長期住在鎌倉，自戰後起在這兒開過出租書店，後稱鎌倉文庫，在這故居已有兩名女職員B子和C子，作日常服務。可是到了七十三歲的晚年，前述著者說他偏偏和一位名為縫子的小姐有了解不開的畸戀。事情的展開是這樣的：在一九七一年三月，川端好友阿部桑，邀他到長野縣安曇郡穗高町一處「庭繁」之家去觀賞植物，正巧縫子小姐在家，出來接待。縫子不知道他是獲得諾貝爾獎的大作家，只覺得是個不太有禮貌的老紳士，兩眼炯炯發光，使人感到怪怪的，這印象是縫子事後吐露出來的。

川端康成回鎌倉沒多久，就打電話到縫子家，說要買樹苗。於是由縫子開小卡車和父親來到川端家整理庭園盆栽，就是這樣普通來往，在第三次去工作時，川端先生和家人，便要求把縫子小姐留下，說需要她幫助工作。當時縫子沒興趣，立刻就拒絕了。可是川端全家對她糾纏不休，也央求他人從中斡旋。在推辭不了情形下，最後答應下來，但以幫助半年為條件，就是這樣，縫子在七一年十一月搬到鎌倉川端康成的家裡來了，至此，這位大作家已有三名女性服務員。可是在這三人當中，他只對縫子的態度特好，讓她開車共同出遊之外，還把從電影明星吉永小百合那裡得到的青磁花瓶以及他的許多著作，親自送贈給了縫子。更常帶她到皇室東宮御所去應酬，介紹縫子時說是他姪女。

不知是什麼時候，川端康成另在逗子市租的還是買的，總歸是有了個兩房一廳的「逗子MARINER」公寓，由縫子陪著由鎌倉轉到這裡工作，並給縫子準備了一臺高級轎車。川端康成的太太也說，住在這裡幫忙川端先生，他才會寫出好的小說，勸她忍耐相從。雖然後來縫子說只在那裡住過兩三天，而且每晚都鎖上了門，可是好事的人——新聞界和研究者查證說，那個小公寓，只在進門處有一道鎖，更說川端先生有闖入閨房的形跡。

日本社會，是尊敬有權威有地位人士的，隨便蹧蹋一個文人，應該不會，特別是這些話都是由正派的作家筆之於書的，有著一定分量。可是縫子服務半年的期限很快就到了，就是在這關鍵時刻的一個黃昏，川端康成催促那女孩子趕快回去向父親請命，要求延長服務期間。無奈事與願違，她一去未歸，說不能再幹了。這是川端康成自殺前一天的事。因此許多傳說不脛而走，最重要的是川端太太，在事後對縫子說：「若是妳答應了我先生的要求，他是不會自殺的！」這話也被研究者當旁證引用著，當然川端遺族是矢口否認的。

川端康成自殺的謎底，終被當時擔任《展望》雜誌總編輯的臼井吉見氏，費五年時間揭開了——在《事故顛末》這本書裡，引起很大風波。

《事故顛末》一上市就賣了五萬冊，再版又賣五萬冊，這時川端遺孀秀子和養女麻沙子都起來抗議，說這是破壞名譽，把川端康成形容為性格異常、性愛異常，影響太大。先則嚴詞要求出版商停止發行，並要登報道歉，於是各文藝刊物和有關作家相繼作起正反兩面討論，事情越鬧越大了。並幾度進出法院，互不相讓，沒有結果，因為官司打到最後，可能要傳女主角縫子出庭作證，那就更麻煩了，結果，不和解，還是和解了。在作者稍作道歉之後。

但是，真正的澄清，還是出於許多有水準的作家的進一步研究。在三枝康高靜岡大學教授所著《川端康成隱蔽中的真實》一書裡，說得非常客觀。他對川端先生初戀對象伊藤初代——《伊豆舞娘》小說裡的女主角，作了身世調查和分析。《伊豆舞娘》一書的原文是《伊豆踊子》，「踊子」譯為「舞娘」並不妥當，日本把父女稱為父娘，所以「舞娘」還是日式的；但也不能譯為舞女，因為小說中的人物是各處趕場子走江湖賣唱的古典型小戲班子，所謂「旅藝人」——藝妓的一種。這裡從俗，因為有幾個譯本都是如此。

川端康成與這藝妓——伊藤初代的邂逅，是在他考上東京一高的第二年到伊豆旅行時，在湯島相遇的。那是大正七年（一九一八）十月三十日至十一月七日，在這短程之旅中，在路過湯川橋時迎面來了三個女藝人，她們是往修善寺去的，當時擦肩而過，但不久這三個女藝人又回到湯島天城峠北口的茶屋，當時川端也落腳於此，這算是第二次又見面了，她們是來這裡演出的，其中一個提著大鼓的姑娘——伊藤初代，他左看右看都覺得好看，一直遠遠的張望著。

兩天後這批旅藝人轉赴湯野、下田，川端跟隨著併肩而行，那時他才十九歲，是一片天真，滿腹純情。在分手後是很傷感的各奔一方，可是川端康成一直不能忘懷他的心中人年僅十六歲的伊藤初代，一直到他考上東大，初代的父親伊藤忠吉在老家岩手縣江刺郡把他女兒初代許配與人，其間川端康成幾次求婚都未成功。這個遺憾像一條長河，流呀流，流到晚年遇到「縫子」小姐，她的容貌舉止，都像伊藤初代，簡直就是初戀時那個戀人的化身。川端康成原是孤兒，他把感情也孤注一擲了。文學工作者悲劇多，在日本更有說不完的那些突出故事。縫子在川端康成過世後才研讀他的小說，並作了心理分析。死，重如泰山，輕如鴻毛，在得不到愛時，他選擇了後者，也許這就是日本的美。

東京的旋律

東京的旋律不是史特勞斯的「圓舞曲」，也不是瓦格納的「戀愛禁制(Liebesverbot)」。是斯克利賓的「夏之交響曲」，是鈴木米次郎的「軍歌進行曲」！

東京的節奏，快過任何都市，每個角落都像疾風驟雨般地，像大部隊開到前線般地，衝呀衝的。

東京是個多機能的都市，也是活力十足的都市；每天躍動在人們眼前的，是一幅多彩多姿的畫面，清新雅潔，秩序井然。

東京，既有東方文化的本質，又有西洋文明的特徵，它不僅代表現代都市的理念，更具備了進步和創新的性格。如果說，「太平洋世紀」已經到來了，那麼，在東京可以看到它的面貌，可以聽到它的足音。東京，任妳妙筆生花，也難盡述它的種種。何況由於交通的發展，以東京為中心的都市群，已網狀的散佈在遠山近海和關東平原了。

東京的消息，隨著電波和大眾媒體的傳播，每天像潮水似的湧到家家戶戶，於是國際化的腳步也加速了。只是物價太高，高過紐約的兩倍，雖然這樣，前來觀光的，要看看東京的，每年還在兩百萬人以上。我們在東京繁華街道，無論是新宿或池袋，稍微留意，就可看到操中國語的同胞，原來旅居日本的中國人，已由六、七萬人，突然增加到二十一萬人了。其中有不少是留學生新貴。

中國留學生在日本，是五花八門的。來自臺灣者生活較為優裕，來自大陸者，有的是在苦讀，有的是在浪費青春；但是適應力較東南亞越南、泰國、菲律賓人好得多。頭腦轉變得比日本人還快——晝伏夜出，有幾百萬存款的，已不稀奇。所以她們常自豪的說日本人比她們傻！這是個很糟糕的認識。一位識途老馬說，在新宿，已有中國女孩子經營的Snack Bar上百家，賣酒、賣笑，收入很豐。

東京的旋律在新宿。新宿的地名，很羅曼蒂克。在三百年前，東京叫江戶，江戶的西北境界止於四谷，新宿是由江戶出城的第一站，至此落腳，來個新的一宿。

新宿有御苑公園，綠蔭蔽天；有「都廳」高樓，上去可以看到富士山。任何街道的發展，多由交通的便捷形成，新宿也不例外，現在的新宿有六條日本鐵道（JR）和私鐵，自四面八方進站。另有地下鐵和五十種不同顏色的巴士進進停停，每天通過新宿的乘客，平均有四百萬人，吞吐量世界第一。

早晨，你站在新宿西口的剪票口看吧！像山洪爆發似的，人潮滾滾；晚上，像長河漫堤似的，紅男綠女展覽新裝。由西口到東口，就是遠近知名的歌舞伎町了。「歌舞伎」是日本傳統藝能。實際日本的雅樂、能樂、文樂和歌舞伎，都是在奈良時代傳自中國唐朝。可是在新宿演出歌舞伎的場所，只有KOMA劇場一家，而且是偶一為之，怎能把這地方稱為歌舞伎町的，到現在還不明白。不但這樣，一提歌舞伎町，就有使人怯步的感覺，因為它已成冶遊作樂的地方，而且不明行情的，常被大敲竹槓。相反的在東口的新宿大街的紀伊國書屋，是東京數一數二的大書店，每天擠滿了文人雅士和各級學校的學生，一旦進去，很少有人空手出來，因為陳列的出版品太多，幾乎無所不備，這裡我每週要「光顧」一次，否則很難掌握這個世界的脈動。

新宿的西口「摩天樓」大街，每天有十萬人出入其間，一到晚上空寂無聲，東口則熱鬧得人仰馬翻。

住在東京的一千二百萬人，有百分之三十四是單身男女，但她們的半數，在工作之後變成了夜遊者，也有把車子開到海上吊橋去躲避都市煩囂，求個片刻清靜的，因為東京在快速齒輪之下，容易使人疲憊。

東京七月是雨季，在鬼高治所寫的《雨季茫茫》一書裡說：隅田川的南岸，有枕橋和源森橋，永井荷風與堀辰雄幾位大作家，曾以這裡為背景，完成過不朽的文學作品，諸如《女人街道工廠》、《町工廠人間地圖》，都是訪問了代表性人物，作了寫實的介紹，所以感人至深。

日本產經新聞，自一九五九至一九六一，連續兩年，把東京二十三處、十市、三郡的過去情景——因戰爭失落的面貌，做過調查報告，更不要說山本祥三的《東京風物畫集》是多麼有意思了。

東京的魅力，在於街道的起伏多變，和綠地盆栽點綴在住戶之間。它有另一種詩情畫意，是季節分明的伴著腳步急促的旋律。

東京的今昔

在約五百年前，太田道灌築城於江戶時，現在的東京車站一帶，還是松林海濱呢！滄海桑田，東京的變化太大了。過去的江戶城——今之皇居，在早期是可以由海上望見的一處城堡，在那時代，這裡是一處良港，不僅是漁夫出沒之處，也有著防衛和用兵的性格。

為什麼太田道灌在一四五七年造的這個城堡名為江戶城呢？原來是在平安末期，約當一四一一年，有位江戶氏，在武藏國豐島郡築有江戶城。江戶氏在鎌倉時代就是幕府顯要，早有「江戶太郎，八國大福長者」之稱，勢力是相當雄厚的。太田道灌築城之後，仍以江戶名之，是想繼承這種威望；可是，文武兼備的太田道灌，雖曾削髮為僧，還是在相模糟屋地方被暗算了，死得不明不白，那是一四八六年的事。

東京的歷史，可以說鑾久的，在唐貞觀年間，聖德太子頒訂律令以前，這裡就有「無邪志」國存在了。「無邪志」在《古事記》裡稱「牟邪志」，在《萬葉集》裡稱「牟射志」，後來統一於「武藏國」之下。武藏，日文讀MUSASHI音近牟射志。在這方面日本的著述很多，其中之一，是武藏國曾為大和朝廷獻納四個屯倉。由此證明，大和朝廷的勢力，早已及於關東地區。

關於武藏國的歷史，不僅資料很多，還有早期建造的國分寺遺跡，也被發現了。地在東京轄下的府中市附近。(現在的國分寺是後來改建的)。府中，正是昔日武藏國的政治中心，在那時代，東京不過是蘆荻茂密，野望無人的一片荒郊，其情其景，不難在《更級日記》中體會出來。

東京的發展，是起自一五九〇年豐臣秀吉兵敗，德川家康入主江戶以後。在一六〇三年二月十二日江戶幕府成立，一六〇四年六月一日就發表了擴建江戶城的計畫。於是由西國(大阪)運來岩石木材。到一六〇七年完成了天守閣和大手門，一六二二年又把宮殿和天守閣進行了改修。江戶城是經過幾度擴張才成現在規模的。可是，江戶地區，很少平安日子。繼一六二七年大火，一六三三年大地震以後，從記錄上來看，火災地震頻仍。例如一六六〇年燒燬二千三百五十民家，一六六八年大火燒到了大內，一六九五年大火燒燬六萬七千四百戶，一七〇八年富士山噴火災及東京周邊，一八四四年江戶城中心區全成灰燼，一八五〇年有五十處神社、百二十寺廟及三十六棟「大名屋敷」燬於祝融。「大名屋敷」，是各地藩主留在東京的深宅大院。這些封官設爵，坐享厚祿的諸侯並不好過，因為在一六三四年，德川幕府，怕他們心萌異志，命這些「譜代大名」（即各路諸侯）把妻子送來首都江戶，作為人質，以利統治。因此全國各地藩主，都在東京最佳地段，有儲妻養妾的「大名屋敷」。另一方面，因為江戶屢遭大火，在復建過程，徵召外縣民伕入城，使江戶人口達到百萬之多。人口密度，在那時代就已超過倫敦、紐約和北京了。所以江戶時代的東京，是畸形發展著的，一點現代化也談不上。就是到了一八六八年末代將軍德川慶喜無血開城，七月十七日把江戶更名為「東京府」，接著在十月十三日明治天皇入城，這地方連個磚房也看不見。磚造的所謂「煉瓦街」，是一八七二年才出現於銀座的，就遺留下的圖片來看，當時使日本人吃驚的「煉瓦街」，併排二層樓建築，還不如臺北淡水的市街有氣魄。所以，東京的發展，還不超過百年。因為一八八八年，才有市制、町村制的公佈；一八八九年才把東京府改為東京市（十五區），一九○三年才有品川至新橋的鐵道開通，一九一四年才有東京車站的完成。直到我來東京的一九七二年，這裡的公共浴室還有二千三百四十二家，利用率占居民的百分之四十五。所以，美國電影明星卓別林在一九三五年到訪東京時，記者問他感想，他說：臭，東京太臭，不適合藝術活動。

東京的方位，正確的來說，西起關東山地，沿帶型的平原，東至千葉，北與埼玉縣相接，南至伊豆七島，並越海管轄到小笠原諸島，整個面積在二十萬公頃以上。

東京，原是沿著海濱發展起來的都市，在江戶時代，猶如廣重所繪「江戶百景」那樣，可以由市區望到海邊，人們還有垂釣的生活呢。可是現在，從日本國土地理院出版的地圖來看，東京灣像犬牙交錯似的——每顆牙都是從陸地伸出來的海埔新生地，它，都被企業、工廠或倉庫佔領了，所以，沒有馬尼拉灣那樣落日餘暉的景象。

日本環境廳曾對東京沿海地區的綠地作過調查，說除百分之四的河口部份以外，幾乎百分之九十六都是人工海岸，在這些不自然的人工島上又有百分之八十七是工廠。現在由東京灣到千葉修了一條海上虹橋，人們為了看海，使得橋上的車隊擁擠不堪。

東京港的水域，是西起多摩川，東至荒川放水路，在這狹長地帶，有人工島四千五百公頃，因此港灣內的水面，只剩六千八百多公頃而已，這是與海爭田的結果。

東京，在戰時被炸平了，現在所有的建築物，幾乎絕大多數是戰後新造的。在這方面，可以看出來舊市街的改造與新市街的規劃，既有成績，又有遠見——他們是在公共設施上，下了本錢。

其中最值得稱道的是交通。東京街道並不整齊，地勢也不平坦，在這情形下把交通搞好很不容易。卻是分區的、分階段的，把地下鐵、地上鐵、私鐵以及改歸民營的國鐵（現在的

JR）都多機能的作了連接運轉。特別是工程品質，達到了長治久安的那種目的。

東京的話長，摸不到邊的地方太多，這裡是想起什麼說什麼。

團地，日本的集合住宅

日本把集合住宅、國民住宅叫做團地。這兩年，東京地價，由漲而落，但仍貴得出奇，特別是新宿一帶，寸土寸金，臨街地區五千萬日圓一坪，稍差點地方也少不下三千萬圓一坪。這樣一來，剛進公司服務或新婚的小家庭，想有自己的房子，比登天還難，最後只有擠到「團地」裡容身。因此，在東京，十戶之中，有三戶是屬團地人家——共達一百三十萬戶之多。

在日本，像臺灣國內動輒三十坪、五十坪一戶那樣的寬廣國宅，可以說相當少見。普通3LDK約二十坪不到，算是相當不錯的，一般小家庭是2DK或六疊加個四疊半，進門脫鞋，一家滾到一起，是常見的事。日本人很少把客人帶到家來，原因在此。我有位在榮總作醫生的朋友，他到日本參加國際醫學會議，碰到昔日在美國同學同事、現任慶應醫院主治醫師的朋友，到他家裡去作客，這位日本醫師的家裡沒有沙發。相談之下，知道擺上沙發，就沒孩子走動地方。由此可見，高收入的醫生住所還如此狹窄，其他也就可想而知了。

那麼這一百三十萬戶擠在團地裏的家庭，生活是怎樣呢？這些，也許是許多朋友知道的。

在我初來日本時，曾住湘南海岸茅崎濱見平莊，這裡附近有十幾棟四層樓的團地，差不多在一年之間結識許多朋友，包括我的小孩子的同學和他們父母。一般而言，房子的格局都是一樣的，進門先是廚房、洗澡間，剩下的是紙拉門隔開的一廳一臥。

團地都留有聚會或戶外活動空間，當然也有店舖設在樓下或近處。每當各戶「主人」上班之後，婦女也把孩子打發到學校之後，三三兩兩聚在一起，張家長李家短，這個情景，較中國社會表現的，有過之無不及。

在東京市郊赤羽，有五十棟七層樓的團地，有個很早就住進來的汽車司機，他是早晚班出去開車，中午偶爾回家休息，但是他一到外面走動，就有許多婦女指手劃腳，說大男人怎麼白天不去上班。在這團地裡，既有自治會的組織，也有管理員監督著生活動態，某人垃圾倒得不對，或者收音機聲音過大，都會出來干預。在日本，沒一件事是沒人管的，團地的生活也不例外。

日本的團地，有公營的，有私營的。前者由「住宅、都市整備公園」負責興建和分配管理的工作，這個公團已有三十年的歷史了。後者民營的多由各大建築公司及不動產業界經營，規模亦極可觀，因為各私營鐵道公司，都兼營不動產事業，例如東急電鐵、小田急，都把沿線土地壟斷了，一批批住宅連棟而起，日本大企業不炒地皮的很少。

無論公營或私營建造起來的住宅，有分租和分讓兩種辦法。通常都有分期付款制度，價格亦較合理；但並非都有入居機會，是由抽籤來決定，所以有些人空等幾年，也是一屋難求的，因此出現了中間商，在街上發傳單，要先繳四萬五千圓手續費，由他們代為申請，坐收漁利的行業。

日本，房屋匱乏的程度，可由下列情況得些概念。

數年前，住在墨田區的一戶五口人家的面積只有四疊半，因此夜間一個一歲的小孩子被大人壓死了，第二天報警，才由區公所出面給另租個房子。

東京的住宅緊張，自江戶時代就是異常擁擠，這由各地方的房屋窄巷，常有災情發生就看得出來。

現在，東京住宅正向郊區發展，其中規模最大的是「多摩市」，這裡佔地不下百公頃，是沿著山邊河谷，一棟棟的修建了起來，遠望頗有歐洲風情，因為空間廣闊而又綠蔭蔽天，特別是車站一帶，規畫得頗有遠見，各種公共設施、娛樂和文化活動，都很充實。

可是，在當時由於地價暴漲，這裡的房屋都被搶購一空。以前多嫌偏遠，很長時期無人問津，因為在這裡，出門購物，非有汽車代步不可。

東京的團地，有兩百地區以上，都各成小都市狀態了，但是仍嫌不足。現在日本政府正在計畫開發沿海岸地區，即東京灣的空地，在未來要建成新的市街。

東京的範圍很廣，人們在日常談話中，所說的東京，並不包括南邊近海諸島。相反的也有人把東京指為「山手線」內側或環狀七號線範圍內的，也有人指二十三區而言。在印象上，對東京的感覺雖然各有不同，但大致都知道它是以皇居為中心，作圓形展開——門牌也是以皇宮為起點，由近而遠，按此次序來編「番地」號碼的。

東京最使人不安的，是地震時常發生。一九二三年以前，幾乎每年都有火災為害，因為在那時代，都是木造房屋，大火一起就是燃燒半個東京，這些記錄觸目驚心。

自從現代化建築普及以後，這種災情才告減少。但是日本人仍喜愛古色古香的木造住宅，搬到團地去住，是不得已的。

我，喜歡漫步街頭，更喜歡穿梭在僻巷之間，看那家家戶戶的盆栽，聽那小河流水的細訴，幽靜得會使許多沈思，在腦際盪起旋律。所以，我曾發願，以步當車，走遍東京大街小巷——那幾乎是不可能的，因為東京幅員太廣了。縱然這樣，東京的「名所」，都已有了我的腳印。

日本的櫻花季節

日本又到櫻花季節了，怎樣把握櫻花綻放時刻，不錯過賞櫻機會，還是很有的說呢！

三月二十七日，我路過櫻樹滿園的上野，但見張燈結綵，來探花信的人潮處處，可是櫻花還在旖旎從風、含苞待放階段，也許轉眼之間她就飄然而至了，明天或後天。

通常，櫻花爛漫三島，像仙子降臨似的，使人如癡如醉，有那麼「狂歡」的幾天；因為她並不多所駐足，所以，日本氣象廳，每年都有「賞櫻時節」的預報。在預報發出前，是由專人到一定地方去觀察指定的那幾株櫻樹的花輪，再按二、三月的氣溫變化，準確的報導給市民。

日本的櫻花，旋開旋謝。來時，一陣婆娑起舞；去時，留下彩繪大地，令人遐思眷戀，更不說文人騷客，吟詠櫻花的筆不絕書。對於這些，《萬葉集》，早就記載著，在平安時代的宮廷有「百花宴」的行事。這「百花宴」主要是賞櫻。因有這般倡導，後來才在吉野有大遍櫻林的出現，於是賞櫻的風氣更盛了。到櫻花普及的日本各地的足利三代將軍義滿時代，他自己且在花園裡舉行過別開生面的賞櫻會，當時的王朝貴族，莫不附庸風雅，趨之若鶩。自此以後，由室町將軍以迄豐臣秀吉，都在吉野以及醍醐寺，舉行過豪華的賞櫻宴。這種雅興一直到江戶時代。只是後來把賞櫻勝地，由吉野移至政治中心的東京上野而已。所以在《芭蕉七部集》中有：「上野花見會，連日到通宵；笙歌處處聞，男女樂陶陶；花蝶飛舞裡，月下醉人潮」這樣的記述。

但是在江戶時代舉行於上野的賞櫻會，已不限於豪門貴族，庶民大眾也湧現花團錦簇之間，飲酒高歌，群起作樂了。

在西洋，沒有像日本那樣晝夜不分的賞花活動，可是在中國的唐玄宗時代，早有「牡丹會」狂歡二十天的紀錄。日本的這個習慣，還是來自中國的長安，有著一脈相承的背景呢！

現在日本的櫻花散佈情形如何？

首先是種類極多。現在日本農林水產省，管理著一處櫻樹保護林，地點在東京的八王子市之西，這裡是林業試驗場——淺川實驗林的一部份，其中有六千株櫻樹植於六公頃的山坡地，煞是美觀。其目的是為防止櫻樹老化凋萎，搜集了三百多種來培養保護，並作移植，維持常新。

實際櫻樹頗耐風寒，樹齡也有幾百年以上的，但怕公害，所以要選在空氣清新的山地，才能生長得多彩多姿。

日本的三百多種櫻花，由早春到五月，綻放狹長列島各地。有一種名為clmax的櫻花，非到四月下旬不開，此外還有許多珍品，例如到十一月才盛開的冬櫻，花朵雪白，是他處少見的。還有山櫻系統的「四季櫻」，每年綻放四次，花色淡紅，枝幹茂密，姿態挺拔，也是人們最喜愛的。

這裡值得介紹的是位於金澤的「兼六園」，裡面有不常見的菊櫻，每朵有三百個花瓣，形似菊花，遊人至此，無不稱奇。

現在日本花會，在茨城縣結成市，有八點三公頃的櫻樹苗圃，由這裡贈送各國的櫻花，二十年來有十餘萬株。美國華盛頓Potomac河畔的櫻花，是明治末期，由當時東京市長尾崎行雄，贈給美國總統塔虎脫的禮物，這是美國櫻花的由來。可是在第二次世界大戰時，美國人一看敵國櫻花就不順眼，有主張把它砍掉的，有說櫻花無罪的，當然最後是保存下來了。

日本對任何事物，都有研究者的存在。作家水上勉，寫過一部《櫻守》小說，就是以櫻花為背景的。此外在神戶，還有位笹部新太郎，他不斷的有過研究櫻花的著作。也有不惜傾家蕩產，採集全國櫻花樣品，開設起「櫻園」的，由此可知，日本人是多麼喜愛櫻花！

每逢這個季節，在彎弓似的日本列島，櫻花一波一波的由南而北，開個不停。在三月下旬的九州，就可看到櫻花了，從此每天以三十公里的速度，經四國、近畿、東海沿岸而關東地區，直到北海道，櫻花耀眼的時間也不過五十天。所以櫻花雖美，卻是壽命很短，在每個地區的好日子無多，若是遇到風雨摧殘，是一夕之間就面目全非了。

以東京來說，開花最早的記錄，是三月二十日，那是一九九〇年因天氣溫暖的結果。開花最遲的一次是一九八四年，那次到四月十一日，才有賞花的機會。從這些記錄來看，在三月底到四月初的一週，在東京是最好的賞花季節。

在東京的上野，每年前往賞櫻的有五十萬人，成群結隊的蓆地而坐，他們是在兩三天前就佔了地盤，作了標識，或搬去了行囊，要作通宵達旦之樂。

今年不巧，我們原有邀請海內外文人東遊，作一次「櫻花會」的打算，卻因籌辦不及未能實現。這個歉憾，一直橫亙在心，這些，只有期待明年的落英繽紛了。

日本高爾夫球場奇觀

日本現在有一千七百一十六個開放使用中的高爾夫球場，它的總面積已達六十萬公頃，有看不到邊際的三個東京那樣大。此外在建造中的有三百四十一處，計畫中的有九百八十八處，整個的說來有三千零四十五處，從國土面積與人口比例來看，日本的高爾夫球場之多，是世界第一。

可是，自一九八九年以來，因泡沫經濟的出現，這種瘋狂的resort開發，已有許多公司把建設機械棄於原野，伴著半壁禿山和掘削殘痕，宣告破產或淪入停擺之中，呈現一幅荒涼景象——高爾夫變成打高空的世界了。

你會打高爾夫嗎?常有人這樣問我。

「有兩隻手的人，都該會打高爾夫。閉上眼睛，也會一桿飛起，那沒什麼了不起的。」我說。但是「一個人運動，還牽累一個背球桿的，心有不忍，還有在那充滿農藥的草皮上行動，有中毒危險，所以我不打。」

在球類運動，我喜歡網球和乒乓球，特別是後者——左右猛抽，找對方兩角，球一落案，彈到不知所之，一拍在握，那裡有無數技巧。高爾夫太呆板，只是看準地型，在揮桿的強弱上，作個拋物線的判斷就是了。

高爾夫的起源，是在距今六百年前，在英國北部蘇格蘭一帶，由牧羊人手持棍杖作擊石子遊戲開始的，到一七五四年才有正式高爾夫球場出現，它是發祥在大英帝國，則無疑問。日本之有高爾夫球場，是起於明治三十年代，那時英國的一位貿易商（販賣茶葉的）阿瑟・克爾姆，在六甲山造了一處四Hole的球場，但是當時日本人玩這個的很少，它主要是給外商準備的。在這以後雖然較為普及了，但是到第二次世界大戰為止，全日本也不過只有二十三個球場，和現在的一千七百多處相較，以前還是象徵的微不足道。人，總是往時髦的方向奔，高爾夫時髦到使現在日本人無論男女老少，喜歡操桿的有一千五百萬人之多，因此東京近郊以及外縣的練習場，在那蚊帳似的天幕之下，總是有人桿起桿落的過那高爾夫之癮。

以運動的眼光來看，有這種癮，無可厚非，可是它帶來了另一種問題——大量興建高爾夫球場的結果，把自然環境破壞了。日本，光是千葉縣一地就有一百零四個高爾夫球場，因為這裡離東京較近。遠距離的北海道，也有一百三十一處，整個日本列島，幾乎到處都有高爾夫的設施，而一個高爾夫球場用地，要一百至一百五十公頃的用地（十八個洞的）。其中設在三重縣的最大球場，其面積是能造五千戶花園洋房那樣廣！

高爾夫球場的興建費用，因地而異，平均起來，要一百億日圓。通常是在一動工就開始「會員權」的募集，並分期的求售，以此抵充開發各項開支，雖然球場要兩年以後才能完成，卻是像股票似的先上市了。

興建高爾夫球場，免不了移山填谷。日本的工法，是用dynamite炸藥，把山頭削平，然後各種機械車輛和怪手出動，搞得四野不寧。這種工程由自然林、人工林、雜木林地帶延伸到草原，他們說：日本雖然嚐過原子彈的洗禮，還是「國破山河在」，倒是高爾夫球場的列島化，把珍貴的景觀給破壞了。

高爾夫球場是以人工草為主體，它，既要下面鋪設砂土，維持排水的功能，又要大量的化學肥料和農藥來讓草坪成長。這種化學肥料和農藥，日本使用的很多，其中光是殺蟲劑就有二十五種，還有殺菌劑三十七種、除草劑三十二種，合達九十四種，年間要一百五十噸。此外灌溉用水，每天要三百噸。它不但浪費了水資源，最嚴重的是各種農藥在毒性未分解以前，就流入了河川與民家，特別是在空中散佈農藥時，造成的汙染範圍更廣。因此，日本自然保護團體，已經起來反對建設高爾夫球場的運動，認為它是既不經濟又不大眾化的玩藝兒

——一百五十公頃的高爾夫球場，每天不過有兩百人利用。

現在日本民間專家，對高爾夫球場周圍的被害情況作了調查，說河水汙染了，稻田發生了藥害，還有地下水也不再清潔了。其中，給養真珠有名的三重縣志摩郡也帶來了打擊，因為這裡突然造了高爾夫球場與觀光旅館，使貝殼難於生長，只有易地經營。這是因為農藥使用太多，禍及沿海的結果。

農藥對人體的副作用，也是多方面的。諸如下痢、腹痛、腦波異常等症。醫界說與農藥中毒有關。日本有關統計說，每年死於農藥中毒的約千人左右。此外也證實了農藥有引發癌症作用。在一九九〇年，日本的癌症患者是三十二萬人，它與化學物質生產的增加，有共同趨勢，其中最恐怖的因子是農藥。

由這些地方來看，既然一個高爾夫球場要一百五十噸農藥，一千七百多個球場要多少農藥?這些農藥是為了養活草坪的，可是人在草坪上到底是得到了好處，還是壞處?那就不是一桿在手以外的人所知道的了。

其實，日本打高爾夫的，也並不都是紳士，記得在兩年前，有個大公司社長，他是每週要乘新幹線頭等列車(Green Car)自東京北上，去福島或新潟打高爾夫，這位大亨竟變造了長期乘車券，被乘務員當場抓到了。一時各報爭相報導過這個「小醜聞」，他被罰了兩百萬日幣，使人們記憶猶新。這是何必呢，到自然林沒有農藥地方去爬山，一毛錢也不要，豈不更好。

現在，日本高爾夫會員權，原來是五百萬圓的，兩百萬轉讓也沒人要，可以說一落千丈，所以，打高爾夫的，都變成打高空了。

日本皇室煩惱多

日本皇宮，那個綠蔭蔽天的神祕大院，裡面藏著多少辛酸，多少煩惱，也只有當事人能夠體會，在那封建的特殊環境裡，雖然長期的在「特訓」之下，習慣了那種生活壓力，可是還有不能克服的問題，現在人們在悄悄的談論著，在兩年前的六月，一位外交界的才女小和田雅子，嫁到皇室為妃以後，怎麼這樣長的時間沒有「喜信」，生不下孩子來？

這事情在民間也許算不了什麼，有孩子也好，沒孩子也過，因為「不孝有三，無後為大」的那個時代背景和那個古老思想，已經不太受重視了。可是在日本皇室，不行。嫁給皇太子，非生個皇孫，交不了差。因為日本「皇室典範」規定，皇位繼承人，一是皇長子，二是皇長孫，三是皇長子所生其他子孫，四是皇太子的弟弟（皇次子），五是其他皇子皇孫。這些延續香火的如果都不存在。還有第六和第七項規定，由皇兄弟與皇叔伯血統較近的來即位。但無論怎麼也輪不到皇女，皇孫女那些公主，日本在現行的對皇帝的管理辦法（皇室典範）中，不許有女帝登場，是確切不移的，誰也改變不了它。

因此，結婚已兩年多的皇太子妃——雅子，不能生孩子，是一問題；若是只生女兒不生男嬰，問題更大，她已三十二歲了，怎不為皇室未來的後繼無人焦慮！

但是生男育女是夫妻間的事，不能把責任推到雅子一個人身上。雖然在日本有關雜誌把皇太子德仁殿下描寫得說他是鐵人一般強壯，實際雅子在入選為皇妃前，有過細密的健康檢查，當然每個部位都沒毛病，才有資格進入皇宮成為皇妃。所以，這種事情也就難說誰是誰非了。

在皇太子結婚兩年多裡，好奇的新聞記者總是疑神疑鬼的，把太子妃幾天不曾出現公共場合，說成是懷孕了；甚至把傷風感冒也說成是「有喜」了，希望為全日本國民所期待的，所關心的大事，來個「獨家」和「第一報」。這些跑宮廷的記者，還煞費苦心的設定了幾種check雅子懷孕「徵狀」的要領——一、臉色有了變化，略顯浮腫，並有倦態；二、高跟鞋的高度換為較低的了；三、笑起來的神態不太自然；四、所穿衣服較為寬鬆了；五、首飾的配戴減少了；六、皇太子有了關愛眼神；七、走起路來注意地平線；八、手捂著肚子；九、對兒童聲音感到敏感；十、皇太子笑逐顏開，喜形於色。有以上十種現象，就註定他太太是懷孕要生孩子了。

其實，懷孕既是人們期盼的好事，在醫生確認了之後索性就來個發表，公諸於世，豈不更為得體，何必讓記者去猜謎。

但是，日本為皇室所設的宮內廳不這樣做，例如現在的皇后美智子，在一九五九年第一次懷孕時，所發表的消息說是「體調不適」，到過了一段時期的七月，把到東北地區御用避暑山莊去旅行的日程取消了。這樣，到當年九月才宣布是身懷六甲，亦即懷孕四個月後，才來個證實。日本記者根據這些經驗，各顯神通，各找靈感的，去挖那雅子可能懷孕的消息，是很不得已的。

雅子在「進宮」以後，確實幾度感冒、幾度發燒，而且熱度不退，以前把她的生日（十二月九日）慶祝活動，包括會見記者的日程都「推遲」了，可是懷孕的傳說，止於傳說而已，記者們的敏感報導，都告落空了——希望生個皇孫的壓力，在皇太子和雅子之間所負擔的壓力，依然如故。

在皇室的不快樂氣氛中，皇后美智子，因甲狀腺腫，在年初動了手術，摘出兩公分程度的腫瘤，這消息未曾見報，我是在日本同業「耳語」中聽到了這些真實情況，說是良性的。美智子皇后在九三年十月二十日曾患「失語症」，到同年十二月十一日開始恢復到能讀些文章程度，現在似乎情況良好，不久前且曾出訪沖繩，為戰爭死難者追悼禮拜，雖然平時很少在公共場所見到她的蹤影。

日本皇室的煩惱，不止這些。在今年六月二十六日，他們的明仁天皇也動過一次手術，是把大腸上的腫瘤(Poliep)切除了。日皇是每兩年作一次X光檢查。在動手術前兩天檢查，發現在腹部右上側有一突出的小疙瘩（八厘程度），御醫東大武藤徹教授在檢查後對日皇說，推斷是良性的，把它切除豈不更好。就這樣用內視鏡，通過高週波電流，把那腫瘤摘下來了。

這一摘，在醫學界引起許多議論。一說「玉體」不能隨便動；二說那個小疙瘩不管它也罷；三說，提早切除免得變成癌。可是，去年年底，在日本召開過「消化器學會」。會中討論了用內視鏡治療大腸「腫瘤」的問題，說會引起出血，並非絕對善策。這問題在一流專家之間，居然意見不同，自然是還有研究餘地。

這個事情已經過去了，因為日皇明仁，看來生活得好好的。問題還是結婚已進入第三個年頭的雅子，尚未懷孕的際遇，最受日本人關切。

日本醫學界說：正常健康的夫妻，在結婚一年內妊娠的占百分之七十。二年內妊娠的占百分之八十至九十。三年還不懷孕的，就是有了「不妊症」的現象了，日本在十對夫妻當中，平均有一對因不能生育而煩惱著。

對於生男育女，在日本皇室，能與不能，在記錄上是一半一半，奇怪，例如在昭和天皇那一代，他（昭和）和三笠宮，都曾生兒育女，可是秩父宮和高松宮都沒有孩子出世。輪到現在的這一代，天皇兄弟中，明仁有子女，而常陸宮則無。降至德仁太子與其弟秋篠宮，只是後者生了兩個女兒。因此大家為太子和雅子焦慮了起來。另方面，在皇室大院，已經三十年沒有男嬰降生，只有宮主沒有龍種，那是不行的。所以，日本皇室煩惱多。

美智子無語問蒼天

我前後寫了日本皇室問題，已有六篇，包括皇太子結婚的那些，有的刊在新聞版，有的發表在副刊，其中也有用筆名出現的。

可是，日本皇室的故事寫不完。

世有「鐵幕」、「竹幕」那些名詞，用來形容共產社會的種種，日本新聞界，則把他們的皇室用「菊幕」來比喻，因為它也是封閉性的。菊，是日本皇室的標誌，無論御用的車輛或講壇，凡關皇室設施，都有菊紋鑲嵌其上，大概這是「菊幕」的由來。以皇家家紋當「菊幕」看待，當然它比「鐵幕」、「竹幕」風雅高尚得多；雖然這樣，還有個神祕的「幕」遮掩著真象，越是這樣，越有人好奇的去掀那看不到的地方。

皇室的女主角美智子，現在患著怪病，不能說話。從十月二十日她生日那天起，迄今尚無痊癒跡象，這問題一直為各界關心著——她到底怎樣了？

見諸報導的，美智子在生病後的十一月六日，曾到四國出席了「全國海的豐作大會」（祭海），十一月十二日又到上野東京都美術館去看了畫展，十八日去參加了在東京Dome舉行的「消防隊四十五週年大會」。她雖重病在身，還是不誤「國家行事」，其責任心的強烈，由此可知。關於治療情況，宮內廳說，只有慢慢來，也許時間能克服她的「失語症」。但無論怎麼解釋，她在患著煩惱不堪的病，世人皆知。有病還去應卯，做這個做那個，還規範在格式化的日程裡，通常是無法理解的。就是一個普通人，也是自求多福的去療養或者去換個氣氛了。何況給她檢查的專門醫生金澤教授，公開主張說：美智子該離開宮闈，易地去輕鬆下來，以圖恢復體調。

偏偏這些事辦不到，這就得介紹一下「菊幕」內的種種了。

首先，大家都知道，美智子的病，是受刺激和嚴重創傷引起的，醫生也這樣透露過，說她「悲哀過度」。日本人說話，向來是用間接表現法，她剛剛娶了個好兒媳婦雅子，她悲從何來？哀從何起？明明是一些雜誌攻訐造謠，使她受不了，在記者會一過，就倒下去了，醫生卻不敢這麼直說，搞得黑幕重重。

這些，都與日本宮內廳有關。

日本皇室在宮內廳的祕密主義下，對記者的採訪是嚴加限制的。隨便拍照，也不允許。

東京有個由NHK等三十四家新聞社共同組成的「寫真協會」，攝影記者有一百多名，可是只能推舉一個宮內廳同意的作為代表，並在「人事委囑」的文書到手，才能按照指示工作，而且要穿禮服。在宮內廳雖有記者俱樂部，記者只能在宮內廳三樓行走，所得消息也是有限，例如老皇太后在一九七七年到那須御用邸去旅行，途中跌倒骨折，新聞界就是一無所知。當時御醫杉村昌雄建議住院，可是宮內廳說那會走漏消息，硬是不答應。

說起宮內廳的病院，裡面問題也多。

在一九六四年興建的這所病院，規模很小，可是它包括了內科、外科、放射線科、產婦人科、皮膚泌尿科、耳鼻科以及眼科、齒科等，在形式上是綜合病院，可是設備並非一流，醫師的陣容也不堅強，必要時須求助於東大或其他部門的專家。這次美智子的病，也是延請外界醫生前來診斷的，就是一例。

為什麼對皇室的醫院如此馬虎？日本各界已有指責之聲，說歷任宮內廳長官有問題——太保守跋扈。確實，在老皇太后生病時，治療室缺少一架corset設備，但是不買，說添購這種器材會引起外界對皇室成員健康的懷疑，諸如此類，使皇室用的病院處在落後狀態。至於美智子的病，能否在這環境下得到妥善醫療，那是不得而知了。

日本的宮內廳，在戰前是擁有一萬名職員的宮內省。不但規模大，而且是獨立於內閣之外的大衙門。戰敗後，由盟軍總部把它縮小為十分之一，到現在還有一千一百三十二人的編制，其中包括侍從長等「特別職」六十三名，以及一般職一千零六十九人。這個機關不受內閣改組而有變動，是一最大特徵。當然，幹上這個宮內廳長官的都非等閒之輩。

早前的不談，戰後以還，幹宮內廳長官最久的是宇佐美毅，他由一九五〇年到一九七八年的二十五年間，是宮廷的主宰者。宇佐美毅的父親是公卿身分，做過東京府時代的知事。那時著名的侍從長入江相政，也出自公卿名門，並與昭和天皇私交甚篤，他的長篇宮中日記膾炙人口。

繼宇佐美毅出任宮內廳長官的是富田朝彥，他是由警視廳副總監而內閣調查室長的情治單位入宮擔任次長後，晉升為長官的。這個由警察起家的貴族，在主持宮內廳時，和「大內」的侍從長更有來頭的德川義寬不睦，互相敵視，所以到昭和末期，閃電的被更換了。

現任宮內廳長官藤森昭一，是昭和皇帝死前由次長升格而來，他是東大出身的官僚，做過內閣官房長，和竹下登關係很深。是竹下想與皇室建立管道，把他推薦到宮內廳的，算是貴族系統以外很走運的一人。也正因此，宮中的規矩，除了嚴守以外，不敢作任何更張，是「好官自我為之」的作風，也給外界招來許多物議，因為民間主張「開放的皇室」，皇室本身也不想神化。

以上是外見的「表面舞臺」，還有內側的「裡面舞臺」，後者與皇后美智子的生活，有直接關係。

在美智子結婚入宮時，還是現在的皇太后當令時代。皇太后反對民間人入宮，太后的女官長北白川祥子亦復如此。北白川是德川義恕男爵的次女，是嫁給了明治天皇孫子輩份的北白川宮永久王後改姓的，她在宮中做女官長二十年，權傾一時，因來頭太大（戰前得過勳一等的寶冠勳章），卻是他丈夫永久王，因侵略中國死在張家口，那是一九四〇年，所以這個女官長是個寡婦。她，對美智子是不客氣的進行了「管教」。

在當時，除了這個高高在上的女官長以外，直接給甫入宮的太子妃美智子做女官長的，是由學習院（常盤會）（貴族會），推薦了該會理事牧野純子女士，她，對這平民妃，更是嚴厲有加，使美智子受盡了折磨，因為「常盤會」說過民間人入宮，皇室就完蛋了，那樣苛刻的話。所以美智子在一九六三年三月曾經流產，其間動過手術，從那以後就花容失色，憔悴不堪了。

美智子的宮中生活，好日子不多。

在第一任女官長牧野純子辭職以後，又來個老皇太后的從妹舊皇族的松村淑子女士。這第二任女官長也是個寡婦，她和當時的皇后一個鼻孔出氣是不用說的，所以美智子所受壓力一直持續到成為皇后人事一新之後，才得到紓解。卻又遭到無情的攻訐，以致不能說話，也只有無語問蒼天了。

話說日本的皇居與內廷

日本在戰敗以後，把昔日的皇宮改稱皇居了，原因可能是以此象徵一個階段的過去，把它平實化以與被佔領的時代相對應。

日本皇居在東京千代田區一番地，它是由東御苑、西之丸、吹上御苑三個區分形成，總面積有百一十五萬零四百三十六平方米，裡面花木茂密，有許多珍稀植物和盆栽。其中東御苑有局部開放，供人參觀。遊客可從桔梗門進入，經窗明館、富士見櫓下、宮殿東庭以達中門，由此轉至宮內廳前，越西桔橋、望望東御苑，由原路出來，逛它一圈，要兩個小時。這裡是日本代表性庭園之一，修竹處處，落葉殷紅，既富自然景象，又有人工綴飾。置身其中，猶入空門，恬靜異常。

在這東御苑，另有「桃花樂堂」、「樂部」、「書陵部」和宮內廳病院以及皇宮警察本部。其中的「書陵部」珍藏著大量中國古籍，雖然知其書目，但是看不到原本，因為對外是封鎖的不能借閱。祇是當古玩擺著，有些可惜。

坐落在皇居櫻田門之內的宮殿，是一九六八年建造起來的，地下一層地上二層，它是由東京藝大教授吉村順三設計的，頗有日本古代豪邸風格，那時就花了九十億日圓，因為建築面積達兩萬多平方米。在皇宮西側是「吹上御所」（吹上讀FUKIAGE，有風起或泉湧之意），這裡是以前昭和天皇與皇后私生活之所在。一樓是餐廳、和室、預備室、書齋、書庫與「居間」，二樓是寢室、劍璽室、靜養室以及女官、侍醫活動室。其中劍璽室，置有三種神器中的劍和勾玉，這是他們傳家之寶。但是，日皇在這新式邸宅完成之前，一直住在有防空壕的「吹上文庫」，這裡陰冷潮溼，竟也忍耐了十八年；當他搬出來，還感慨的說，新房子好暖和。

日本皇居雖然佔地甚廣，但屬國家財產。不但這樣，就是東宮御所、京都御所以及葉山、那須、須崎各處別墅，也非私有。

日皇一家的生活費，每年分兩次由國家支付，合約三億日圓左右，但由「內廷會計審議會」管理，其支出項目人事費占百分之三十三，物品費占百分之七十六，服飾類占百分之十八，飲食費占百分之十三，恩賜救災等占百分之十，旅行研究費占百分之七，祭神儀典占百分之七，其他占百分之十二。

這些用度以及「內廷費」的調整，要經過由參眾兩院的正副議長、內閣總理大臣、大藏大臣、宮內廳長官、會計檢查院院長等組成的「皇室經濟會議」來決定。

雖然這樣，因為日本皇室歷代都有節儉習慣，又規定遇有剩餘經費也不必繳回國庫，所以還是有其積蓄。據對皇室經濟有研究的專家說：日皇擁有現金、股票、債券等資產約一百六十億日圓。日皇本身的收入不繳稅，但屬資金運用的所得，要由經手人來申報，這些經手人，都是宮內廷的職員，所有股票等類資產，也是他們名義。這樣看來，天皇家不但不窮，而且是高收入者。

可是生活，過於呆板。其中光是宮中祭祀，每年要搞二十四回。

在皇居西南側地勢較高之處，有四面圍起來的「宮中十三殿」，其中有供奉天照大神的「賢所」（即雅子結婚之處），還有供奉歷代天皇與皇族靈位的「皇靈殿」以及其他無數神的「神殿」。除了這三殿以外，又有「神嘉殿」、「綾綺殿」、「奏樂合」，是整個的被神包圍住了。來辦這些神道法術的，通稱掌典職，他們不屬公務員，是內廷私用的——管神殿的掌典是四位男士；管賢所與皇靈殿的則用了五名未婚女性，其他是管雜物的，共有十六名。

女性必著古裝，起居於三殿。

宮中有大祭、小祭。大祭由天皇主持，小祭由「掌典長」來辦。順次排下來，元旦是歲旦祭，一月三日是元始祭，三十日是孝明天皇祭，二月十七日是祈年祭，二月二十一日是仁孝天皇祭與春季皇靈祭，四月三日是神武天皇祭……。雖然日皇在一九四六年已經宣佈他不是神了，說舊來陋習已去，不必再依賴神話傳說，這些言猶在耳，卻是從神裡「解放」不出來。

日本皇室裡充滿了謎。但是每個皇帝的重要使命之一，是必須有個傳宗接代的皇儲。明治天皇和皇后之間未生孩子，於是把女官當為側室，生了十五個兒女。奇怪的是其中竟有十個夭折，大正天皇是剩下來的唯一男性。他即位以後生四個壯丁，才維持了一夫一妻制。可是到了昭和皇帝，他在結婚十年間，連生四個女兒，於是日本元老們著了慌，那時皇后良子已經三十歲，眼看無望了，正在四處張羅再娶——要身體健康，有過多產母系的名門美女，人選也確定了，這個良子皇后走運，忽然生下了明仁太子，才未被打入冷宮。

日本重男輕女，也表現在皇室裡——不許有女帝登場。現在皇位繼承人，已排了八名，其中沒有女性。可是，有過例外。那是日本在戰敗當時，說：「天皇、皇太子、三笠宮，都有當戰犯引渡交給中國處置可能」，這話不脛而走，於是日本重臣偷偷的決定了：「遇到這種情況時，由明治天皇的第七皇女北白川直來承傳即位」。在日本有關傳記讀物裡，確有這些記錄，並說北白川直後來只是做了個普通薪資階級者。

做了日本皇后，無論受多大委屈，也不能離婚，就是天皇提出離婚要求，在「皇室會議」也通不過。其他皇族，不在此限，但是皇妃出走了，得立刻脫離皇族身分。

日本皇宮，猶如一處天然公園，裡面有四百年樹齡的古樹，還有一百二十種野鳥棲息其間，可是人在其中，也只有自享宮中款曲，相約到白頭了。

日本皇室種種和太子選妃

今年二月十九日，對日本皇室，是個重要日子。皇室會議全員贊成，通過小和田雅子為皇太子妃，是為皇室添了新血；亦為未來的皇子、皇孫，選擇了優生的母胎。所以，這個看來有類花邊性的新聞，實際是很政治的、很科學的一種文化構造和操作。

以前，日本皇室發生過種種問題，其中引起後患的是近親通婚，血緣太近。就拿赫赫有名的聖德太子來說，他生於西曆五七四年，父親橘豐日皇子（用明天皇），母親是穴穗部間人皇女。而橘豐日皇子的母親堅鹽姬（大臣蘇我稻目的女兒）和穴穗部間人皇女的母親，又都是日本第二十九代欽明天皇的皇后。也就是欽明天皇孫子輩的聖德太子，其父母是一家人，一個血統嫡傳下來的。再明白點說，也就是在欽明天皇的兒女之間，生了聖德太子。

日本皇室這類事情指不勝屈，往前推到第十九代允恭天皇，他有三個兒子，把老大木梨輕立為太子後，這位太子竟娶自己妹妹輕大郎皇女為妻。待允恭天皇死後，太子的弟弟老三穴穗皇子，舉兵把太子殺了，自己登上了皇位。這血緣關係產生了許多悲劇不說，因近親通婚的結果，使皇室的頭腦退化，有了癡呆現象。明治以後的大正天皇就有這種毛病，昭和天皇被軍部牽著鼻子走，對和戰作不出判斷，亂下開戰詔書，都與頭腦不靈有關。

在一敗塗地，人馬凋殘以後，日本有了反省——給皇室換血。這個換血的決策，也是來之不易。首先是皇室的女主人皇后反對，其他舊時代的豪族和右派也不贊成。說皇室的血液不純不行。好在戰敗後的皇太子明仁，已接受若干民主教育，特別是負責皇室教育的小泉信三等學者，從中鼓吹甚力，終在三十四年前，把太子妃選出了民間人——正田美智子。

美智子是日清製粉株式會社經營者正田英三郎（八十九歲）的掌上明珠。自從嫁給皇室，美智子父親英三郎、母親富美子，與昭和天皇這個高不可攀的「親家」，一次也未曾見面。更談不到一起喝杯茶的那些事。

民間人嫁給皇室，不但是把女兒奉獻出去而已，還要一筆相當費用的嫁妝。當年美智子的父親正田英三郎，一共花了三千萬日圓，備辦傢具服飾以及珠寶等裝飾搭配。這金額約合現在的三億圓左右，顯然不是普通人能夠承擔得了的。這次日本皇太子浩宮選妃，選中民間的小和田雅子，她不敢立即答應，這裡面，實際含有許多困難。他父親雖然是外務省次官，也不過是高級官僚而已。一個公務員立刻拿出兩億、三億來陪嫁女兒，等於叫他宣告破產，陷於無法生活地步。還有，從此與親生女兒「一刀兩斷」不相往來，也是殘酷的抉擇。何況小和田家是國際派，在海外充滿自由的國度生活很久。

因此，日本皇室，由美智子皇后直接用電話向小和田家父女，作了許多解釋——第一、嫁女兒的費用，由皇室和宮內廳作整個籌措；第二，雅子和以前的親友可以往來，作了以上的保證。這保證和三年前太子弟弟禮宮和川島紀子結婚時一樣，說女方不必破費，可是還有四卡車的東西運到皇室去了。其實，現在皇后美智子在入宮以前，皇室也作過類似的承諾，但是後來未能兌現。這個祕密，由皇室侍從官已故的黑木從達氏，向外透露過。還有美智子的生母正田富美子，在一直看不到外孫（現在的皇太子）情形下，也發牢騷說：以前的約定，都不算數了。她寂寞地在昭和六十三年病故於聖路加病院。

小和田雅子嫁給皇室，對她父親也有影響。現任外務省次官的小和田恒，任期到今年七月，通常是可以轉任駐美大使，繼續他的外交官生涯。可是成了「皇親」以後，不得不退出公務員的圈子，改任其他文化團體的名譽職；此外雅子的兩個妹妹——禮子、節子，從此，行動半徑也受到約束。她母親穿一件皮大衣，也有人論長說短了。從這些情形看，平民嫁到皇室，是增加了一大堆的責任和義務，卻是談不到有何權利和好處。從小和田家選出了個太子妃，在他們淡淡的情懷之中，有多少不得已，恐怕難為外人所知吧！

日本皇室自古以來，就有許多秘辛。現在對外是表現了某些開放度，對內還有一套「神格化」的規定。就是這些，使當年是網球健將的美智子，一進宮就「花容失色」、「瘦骨嶙峋」了。因為宮中生活沒有自己，到處受著箝制。她曾幾次病倒。由於生活的劇變，來自皇宮的壓力，有難以承受的一面。不是祕密的祕密說：她在生下太子以後，所懷第二胎是「葡萄胎」，手術後要觀察四年，也就是在四年之間，不能有性生活，這是醫學界的通說。可是，不到四年，在第一胎生下太子之後的第二年，就降生了次子禮宮。這是一大疑問——較英俊的老二，傳說另有他的母親。換言之，美智子只生了一個——現在的太子，其他都不是己出。

另一個祕密，是較太子先成婚的老二禮宮，在和川島紀子同學期間，就有過兩次墮胎的記錄，提前結婚是不得已。雖然這樣，皇室承認並成全了這一對，說來是很難得的開明措施，這些在日本是不許張揚的，日本國民也寧肯「信其無」，不願有傷他們「統合的象徵」——皇室永遠是美好無瑕的。當然，皇室的表現，無不稱職，我也是這麼認為。

有關日本皇太子選妃的事，二月初來幾乎成了日本各媒體的主要新聞；但是頗多添油加醋，說兩人幾年相思，幾年戀！其實這些，是環境不允許的，也不曾有過的。

就以美智子當年被周圍作業人員看中為例，新聞猛宣傳「輕井澤之戀」——在輕井澤避暑勝地的網球賽，其實在出場打球前，兩人既未曾謀面，也未交談過，戀情從何而起？那是作業人員的初次安排碰到一起而已。那時的作業人員，有宮內廳長官宇佐美毅、已故慶應大學前塾長小泉信三博士以及上一任的宮內廳長官前島道治，還有三谷隆信侍從長、野村行一東宮大夫與黑木從達東宮事務主管等。據東宮侍從濱尾實事後說：「皇太子明仁和美智子在輕井澤相會，是很偶然的。」那是昭和三十二年八月，在輕井澤有分組雙打網球賽程，皇太子是這裡的會員，在他這一組雙打的對手是美智子與另一美國青年。和皇太子搭檔的是早稻田大學的選手，咸認皇太子這邊會大勝。可是結果相反，皇太子一隊輸給美智子team了。這時球場邊上觀戰的要人，交頭接耳，其中有最高法院長田中耕太郎，在球賽完了，他起身把美智子向明仁介紹了一下，這是初識。在易地又打一次網球之後，明仁命令皇室主管黑木從達說：「把這小姐調查一下。」從此，美智子在苦惱之中躲到歐洲，結果，「跑了和尚，跑不了廟」，最後還得完婚進宮。

從這些事實來看，小和田雅子的處境，和現在的皇后美智子在當年遭到的困惑，大致相同。雖然現在的皇后是來自民間，不似老皇太后當權時那樣難湊合，可是在去年「檢討」小和田入宮可能性時，還是有許多反對的聲音，尤其是皇宮內負有「特別職」責任的，都不贊成。設立在學習院大學的「常盤會」（貴族系統的OB會），強烈主張皇太子應迎娶以前有豪族身分的後代女青年為妻，他們且曾到小和田身邊說三道四，企圖破壞這樁婚事。

談到日本的豪族（華族），在明治維新以後的統計，有百餘萬人。在明治十七年頒布的「華族令」裡納入了政府高官、軍人，如木戶孝允、大久保、伊藤博文、井上馨、大山巖、西鄉從道、松方正義、山縣有朋等，都有相當勢力，更不說長州毛利家以及薩摩島津家兩大族的地位，至今不衰。當然這些「華族」裡也有名媛，例如電影明星久我美子、河內桃子，都是以前侯爵的後裔。雖然戰後，把這「華族令」取消了，日本仍講究出身地位。當然，現在小和田一家，不是貴族，亦成貴族，身分在無奈中提高了。

在元月六日，成為婚約的內定者小和田雅子，每天都有無數的親友故舊，送鮮花去道賀的。她對記者也只能說：「皇室會議還未召開，這期間必須保持沉默。」她的妹妹節子，也每天守在家裡看電視，自己慎重的不隨便各處走動，管區警察，最多時出動七十人，在她家門前守護。著名的服裝設計師，都希望被指定為雅子服務。前幾天為拍照亮相所穿的乳白色大衣，是花八十幾萬日幣，臨時購備的。昨天又到東京西麻布一家美容院把她的長髮剪短兩公分。一個普通女性結婚也夠忙的，嫁給皇室，忙中還交織著緊張。

另一方面，皇太子非常心情穩定。在今年七月他曾說：「貴重的結合，需要時間，更需要理解。查爾斯王子是三十二歲又八個月結婚的，我也許能勝過於他。」由這裡來看，他和雅子雖然沒見過幾面，可是說不定心中有她，並盤算著如何得到她。其間，因雅子的外祖父在擔任一家公司總經理時，工廠水銀外洩，造成環境污染，使許多人患了半身不遂的「水俁病」。在宮內廳認為這個家庭有缺陷，在向皇太子報告時，他說：「我知道了。」還是很執著。

從這些地方來看皇太子浩宮，還是蠻有定見的。這定見也與他在英國留學，感染西洋風氣有關，更與他是由美智子一手匡翼輔助成長起來有關。日本皇室在以前，生下孩子立刻被人抱走，是另找奶媽的「乳人制度」。這個陋規，是美智子進宮以後廢除的，那又不知費了多少口舌？日本皇太子，自己生自己養，還是起於平民進宮。

美智子和明仁天皇結婚時，起過一陣風潮。這次德仁太子結婚，也曾起一陣風潮。雅子住宅附近的一家麵店，新推出的菜單，有一道「雅子麵」，麵裡放些金粉，把價格提高十倍，也有人去吃。

更會利用機會做生意的是日本的大藏省。大藏省要發行紀念金幣。當時金價便宜，一枚十萬圓的金幣，成本不到四萬日圓，發行十萬枚可賺六十億圓，一百萬枚可賺六百億。這類事情他們做得很多，在每方面都運用得很精到。

日本宮內廳反對皇室現代化

日本皇后美智子，在二十日午前，也正好是她過五十九歲生日那天，宿疾發作，突然倒了下去。一時不省人事，言語困難。皇室報導方面說她有腦貧血毛病，當晚由御醫池永達雄會同東大神經內科教授金澤一郎診斷後說，皇后意識已告恢復，並能進餐與自由走動，不致有腦障害那樣重症，也無動脈硬化現象。只是不能說話，須以筆談。此刻還有電視記者守候在宮城門前，等待痊癒消息，我們也由衷的祝願她早日康復！

美智子皇后三十多年來的宮闈生活，既是多彩多姿的，也是多苦多難的。她病倒那天，新聞都說她「體調崩潰」了，這是日本很平常的一句話，可是用在她身上，是再恰當不過的了——話不能多說一句，行動也是有尺度的不能逾越規則，一切是塑造出來的「加工型」人生，那有多麼累，多麼呆板，以及多麼受不了！是可以想像的。因此，在她們結婚二十五周年「銀婚」紀念日的共同記者會席上，當時明仁太子，在答覆對他太太的評價時說：「長年以來她對我服侍有加，對兩陛下盡心竭力（指對昭和天皇與皇后），對子女教育更為賢明。要說該打多少分？很難，應該給『努力賞』的吧！」這話，對美智子來說，當之無愧，她在皇室所受委屈之多和壓力之大，閭閻皆知，得個「努力賞」，又算得了什麼？

可是，努力得「體調崩潰」了的皇后，偏偏有人說她的閒話，不止是「閑話」，簡直是正面攻訐，說美智子是「女帝」，說她有走向英國皇室充滿醜聞那樣的危險，說她喜歡吃大膳廚子不會做的中華料理，說她到深夜一兩點鐘還要廚子下碗「拉麵」給她吃……。

向美智子進攻，放暗箭的是誰呢？

是宮內廳的職員，一個自稱大內氏的職員，他以「皇室的危機」為題，投書於創刊不久的《寶島三十》月刊，告了美智子一狀。名字當然是假的，但是服勤於宮內廳，是真的，這是該刊編輯長石井慎二確認的。

攻訐皇室，若是在戰前，會處死刑；現在雖然民主了，視為「閑話」了，卻是用心不善，並引起了日本社會的重視。不僅如此，在這以後的九月三十日《週刊文春》、十月一日的《週刊朝日》，以及十月七日的《週刊新潮》幾家出版量大的媒體，都把它當成話題作了記述與不同評論，在「朝日」與「文春」之間甚至發生了筆戰。

在這期間，宮內廳長官藤森先生是最受不了的一個，可是他查不出到底出來揭發宮中祕密的是那位勇者，那位武士，因為宮內廳有千多名職員。可是出了這麼大的問題，藤森長官還是默不作聲，也未提辭呈，這按日本的習慣來說，還是少見的。

現在介紹一下大內氏的投書內容。

在這長達十六頁的「告發」文件中說：「天皇家有走向快樂主義傾向，和先帝（昭和）的禁欲生活判然有別。」說：「昭和天皇午後九時就睡了，早晨起來也不獨步外出，他顧慮了左右的不便；換了現在的陛下，正好和這作風相反。」這位向新聞界告狀的宮內廳職員，也指責他們的天皇和皇后說：「居然在party上跳起舞來，披露了輕盈的step，雖然得了好評，可是日本以樸質為象徵的天皇，有了跳舞的積習，對國民印象是minus。」（原文如此，恕我直譯）。文中還挑剔到他們天皇、皇后到輕井澤打網球，不在隱密的球場，偏偏在人們看得見的地方，時常引起交通的混亂，因為觀戰的人牆裡三層外三層的。

不但這樣，還說：「兩陛下貪吃得厲害，每餐都由皇后向『大膳』指定菜單，侍從和女官，都得穿著制服打結領帶，接待來客，服務到最後，以致叫苦不迭。」

此外也說天皇、皇后外出，比昭和時代增多了是不應該的，也提到皇后喜愛的那個小碟式的帽子太浪費，更不贊成天皇與皇后在行動上保持的距離太近，最後把美智子形容為「女帝」，給她個專權的稱呼。

來自宮內廳批判皇后的文章，從以上幾點可以看出來，皇室受宮內廳的制約，是很複雜、很苛細的。在若干苛細的密話中：是一九五四年，那時健在的昭和天皇在出巡北海道時駐蹕於北見市，在旅邸裡特產品櫥窗前觀賞時，問：這些產品是從何處進貨的？陪同在側的市長正要回答，宮內廳長官立刻制止說，這個不在預定之內，請用書面回答！

宮內廳，是儘量維持其權威主義、形式主義與神祕主義，使皇室成為日本國民的精神堡壘。他們天皇與皇后，一直想到銀座看看，可是宮內廳說，那怎麼可以！當年美智子和明仁太子發表了婚約以後，宮內廳曾答允說：「在結婚前，皇太子可以走訪正田家。」可是直到「納采」以後也未實現，原因是，查來查去沒有先例——昭和天皇一次也未去過久邇岳家去看望丈人。這個習慣，被美智子給革除了。現在的皇太子，已去過小和田家作客，所以，日本皇室，在美智子主導下，有了某些開放是事實，也正因此，宮內廳開始了反「女帝」運動。

據《寶島三十》雜誌編輯長說：「揭發皇室內幕的大內氏，是保守派，極端反對皇室的現代化」；他刊出這篇「內幕」時，和化名為大內氏打過交道（大內者君主所居宮室）。可見反皇后美智子的這個人物是在皇宮大院裡任職的，因為他在文中且說：兩陛下一出遊，就增加宮廷內洗衣店的大量工作，無論晴雨，都得及時洗濯出來，弄得腰酸背痛。

有關日本皇室的故事一時說不完。現在人們轉而關切皇后美智子的病況。她的病又經檢查，說是「Stress腦梗塞」，以致不能說話；但屬輕微的「可逆性虛血性神經症狀」，這樣長的病名，除非專家，否則作不了判斷。所幸還能行動，也許幾個禮拜可以痊癒。看來她是太累了，因為在這之前的九月，日皇和皇后曾訪問歐洲十七天，回國後又有俄國總統以及保加利亞總統的來訪，左個儀式、右個儀式，把她累垮了。

美智子在她生日那天生病之前，曾對記者說各種媒體對她的批判，是虛構的沒有事實，她對此感到悲哀和困惑。顯然她很介意那些歪曲報導，並作了最大限的憤慨表示。

各種雜誌以她為題材，連篇累牘的說她破壞了皇室的自然林，說她申斥侍從一個小時，說她是宮中最高權力者……無非是為了多賣幾本雜誌的商業思想作祟。

日本，經濟出了泡沫，文化也在泡沫之中。

日本的伊勢神宮和遊廓

日本的神話，窮年累月也說不完，因為他們自己認為在日本國土上有「八百萬神」，在許多文獻上是這樣記載的。日本怎麼會有這麼多的神？神的世界，要怎麼說，就怎麼說吧！我想，在這方面必有始作俑者，像撒豆成兵似的，製造各類各樣的天神、地祇、山神、海神、田神、路神，在雲中、水上、森林的每個角落都有看不見摸不到的神；還有外來的一登陸就成了神的。日本「天孫降臨」之說，顯然是外來的神。所以，他們自稱「神國」，也可當之。

日本的神，說穿了，都是由人分封的。這可由下列事實看得出來。遠的不說，在七百年前的日本南北朝時代，有個武將楠木正成，他有戰功，死後在兵庫縣給他造了個「湊川神社」。到戰國時代，稱雄一時的織田信長，在京都給他造了個「建勳神社」。曾經遠征朝鮮的豐臣秀吉，也有他的「豐國神社」。日俄戰爭打勝仗的東鄉平八郎，更有「東鄉神社」的存在。這類神的由來，不勝其多。所以，日本的神和日本人的思維方式，有密切關係。

日本對這些複雜多樣的神，有過兩次大整頓。其一是在大和朝廷時代，把諸神作了金字塔型的排位(hierarchy)，並來個祭政的劃一。因為在那之前的部族戰爭，有起於神與神（信仰）的不能相容。其二是在明治維新時代，又來個「廢佛毀釋」與「神佛分離」命令，於是有神道的興起。

日本的神道，是表現在神社裡。有關神社的「神職」，日前曾經粗略的提到，其中「伊勢神宮」，在日本大有來頭。

設在日本三重縣伊勢市的「伊勢神宮」，就地理的來說，這地方靠近太平洋，正是黑潮由南而北，經伊勢灣，船隻容易漂流而至之處。是不是日本皇室把他們的「祖神」放在當初登陸的地方，還有許多謎。

此外，伊勢神宮，有兩個打對臺的神，也讓人難解。這兩個神，一是設在「內宮」的天照大神，這是皇室祖神；二是設在「外宮」的豐受大神。豐受大神的由來，是說雄略天皇在世時做個夢，夢中出現的祖先天照大神，抱怨他一個人孤苦無依，要把為神準備飲食（御饌）的那個神請來。

就是這麼個緣由，在伊勢神宮，有了「內宮」和「外宮」之設。內宮、外宮，並不是在一個神社裡。前者在宇治地方，後者在伊勢的山田，兩神相距有五公里之遙。不但這樣，外宮的豐受大神住持，在百年前，因把豐受大神加一皇字，使成「豐受皇大神」，招致內宮的反對，兩者曾打起官司來。這是著名的伊勢神宮的祕密。

日本人，特別是男性，沒有不去伊勢神宮參拜過的。參拜伊勢神宮也有學問。因為外宮所佔地勢較好，交通方便，通常是先去參拜「外宮」，然後步行到「內宮」。可是說來也妙，在外宮與內宮之間的古市，有相當規模的「遊廓」。遊廓者，「窯子」也（風化區）。去朝拜伊勢神宮的日本男士，大半經外宮而到古市的綠燈戶飲酒作樂，輪到要去「內宮」時已囊空如洗，所以，大多參拜一處，就棄「內宮」的天照大神，打道回府了。

日本的伊勢神宮，無論內宮、外宮，構造一樣，外行人分別不出來。裡面既無神像，也沒有神體的造型。神在雲端或在森林，所有建築都是用「神木」造的。神要棲息在哪裡，就在哪裡，「祭神有神在，不祭在天外」，這是日本神道的微妙。

參拜伊勢神宮的信仰者，每年有六百萬人，稱得上香火鼎盛，所以收入甚豐。因為這裡和天皇家有一脈相承的關係，何況在戰前天皇的本身就是神。

可是，伊勢神宮，在明治初期，進行洋化運動時期，有過殺人事件的發生，那是一八八九年二月十一日的故事。這一天，日本頒佈了明治憲法，當時在伊藤博文第一代內閣出任文部大臣的森有禮，在外出赴會剛步出門前，就被伊勢神宮的神官之子西野文太郎捅了一刀，死於非命。

為什麼日本的神道界要殺死森有禮？

因為森有禮曾留學英美，思想較新。在日本內閣制確立之初，就把宗教管轄權劃歸文部省了。在他管轄之下，以伊勢神宮為首的神道關係者，幾次請願把神道列為「國教」，森有禮不許，因此引起了殺機。在這事件發生之後，右派把刺客西野文太郎大捧特捧宣傳為勤王的忠義之士，對森有禮之死，一無同情。日本學者說，日本神棍和右派結合，造謠說森有禮在參拜伊勢神宮時，在「鳥居」（开字型的大門柱）下車，穿著鞋子進入「御殿」，用手杖撩起「御簾」往裡探望，是冒瀆神威。其實，森有禮並沒有這樣做，他去參拜了伊勢神宮不錯，是進入「鳥居」，走到半途就被神官攔住，不許前進了。這是事前由神官設計的陷阱，讓人入罪，殺了森有禮，使日本走上神道、神國之途，最後的結果，是不用多說了。

日本的伊勢神宮，今猶如昔，是皇家的祖神所在，雖然有內外兩個神宮，通常都當一個看待，有紛爭是神棍的紛爭，日本人民是無條件的參拜著，敬仰著，更對這兩者間的「遊廓」，很難忘情。卻是天皇祖神和「窯子」同在，多少也是諷刺。

日本的神社住持

日本全國有八萬個神社，這些神社裡的「神主」——住持，有兩萬多名。他們的薪火相傳，是怎樣進行的？說來別有天地。

在三重縣伊勢市，有皇學館大學，在這大學裡有「神道學科」，主修神職課程，畢業後成為一定階位的「神主」。其資格分為五等；最高的稱為「祭主」，其次是「明階」。前者可以派到伊勢神宮，後者則分發到規模較大的神社。這些住持，被視為神道中的最高責任者。其中也有由皇室選來的，昭和天皇的第四女池田厚子，就是幹了這一行。

在這兩個崇高的位階之下，還有「大宮司」、「少宮司」、「宮司」、「權宮司」、「禰宜」、「權禰宜」等神職稱呼。

此外，關於神社的本身，也有等級制度。在八萬神社當中，位居最高的有代表性的，共三百三十九社寺。在這裡擔任神職的，地位崇高得多。

在日本全部神社的兩萬神職中，女性有一千七百名，他（她）們都是出身於有神道學科的皇學館或國學院大學。後者在東京澀谷區。這兩所大學，都是明治十五年（一八八二）創設的，已有百年以上的歷史。

皇學館大學的神學科，一班五十名，多為神社住持的子弟。四年畢業後有百分之六十分發到大神社，或子繼父業回到原有的神社接班。這裡也有派系。畢業於國學院的稱「院友派」，畢業於皇學館的稱「館友派」。例如從皇學館畢業後，所進寺廟如沒有同派校友援引，是不得其門而入的。在「明治神宮」的四十七名神職人員中，都是同一學院出身的，就是一例。

日本的神社，是神道推進的場所，它也有「大本營」。這「大本營」通稱「神社本廳」，在東京澀谷。日本現任總理大臣細川護熙的父親細川護貞，曾擔任過這「本廳」的總長，可見其組織的龐大。

日本的神道，沒有教義。基本上是從《古事記》、《日本書紀》裡的神話而來，並與佛教、儒教、陰陽道作些結合，說是超宗教的。但是，他們信仰什麼？不過是空虛的「天照大神」。由於戰後日本人思想的解放，對於神道中的神，也逐漸懷疑起來。現在皇學館和國學院的神道科，入學志願生雖然還維持現狀，可是已經構不成主體。相反的在向經濟學部、法學部擴充，畢業生也有去當教員或警察的了。這兩個學校，在戰前是受著相當培養與保護，今不如昔，甚至經營困難，自屬難免。因為日本憲法規定了「政教分離」原則，政府不能直接支援。

日本的這些神社的開支很大。例如「神社本廳」，每年要十三億日圓，這些錢從何而來？一是由香火鼎盛的伊勢神宮補助百分之三十五，其他是由各神社的收入捐贈四億，還有來自企業的獻金。但是小神社現在收入甚微，自身不保，常有發生火災後無法修復的現象。所以日本的八萬神社，也像泡沫經濟似的，在鬧著不景氣。

日本的這些神社，都與他們的天皇，有一脈相承的思想。以前，天皇是神道的大神主。在明治憲法就是這樣規定的。因此，在日皇訪大陸之前，這些神社的住持，有幾千人來到東京請願。反對讓他們的「神」訪問大陸，是日本當局疏通好久，才勉強成行的。所以，日本神社裡的神主，都是極端保守分子，他們和宮內廳也有密切關係，並常對宮中的祭祀，表示意見；對皇太子的和民間人雅子結婚，也持反對態度。

幾年前，日本教育協會，招待各國文化界人士，訪問「芭蕉」走過的北陸「奧細道」，我是其中之一。沿途住在廟宇裡，總有個「神主」出來講他們的神道——實際是講他們的國家主義。當時有位加拿大籍的立刻阻止說：「我們是天主教徒，聽不進其他異教！」使神社裡的人大為尷尬。他們未能明白，日本的神道，只能行之於日本，拿不到國際舞臺上來。這次「文化交流」之旅，是完全失敗於神社的自以為是。這樣例子很多，在日本的廟宇裡，可以看到和尚和女人搞到一起，尼姑可以嫁人等等的一些不順眼的「出家人」。

對於日本神社有研究的井上順孝教授說：「日本的神社住持，莫不懷念戰前的權威時代，他們覺得在現有狀況下，是被犧牲了的一群。」由這些地方來看，日本的神社，還有著復權的思想。

日本神社最著者，是伊勢神宮，約有一千三百年歷史，每個日本人都要去這裡參拜一次或多次。奇怪的是每二十年要遷宮一次的目的不明。新宮光是建造費用就要三百二十億日圓，並且已經遷了六十次，說這制度是持統天皇時代建立的，裡面還有四百九十一件神寶。

日本的神社如此之多，是以前無法想像的，這些都是明治政府設計的，以神作為統治工具，普遍把其他宗教統一變質為「帝制的」與「政教合一」的，讓人信仰於一尊。伊勢神宮是典型的，「靖國神社」更是別具用心的。

寺廟，在任何國家，都有出世的性格；日本把它作統一運用，並由專門職業學校出身的來經營，也前所未聞。

國學院大學與神學館，是為日本全國神社而設，把日本的神道思想往前發展，也是其他國家辦不到的。這到底是人統治神，還是神統治人，其界限也就難於劃分了。

話說日本的宗教

日本的宗教，幾千字說不完，幾萬字也說不完。

日本是一「神國」，從古至今，有百分之九十以上的人民信神，或說普遍信神也不為過。日本首相橋本龍太郎，在當上總理大臣的第十天（九六年一月二十日），馬上到東京杉並區佐藤榮作的墓前來個「就任報告」，由活人向死人報告他做了大官這類例子屢見不鮮，它既是「人神一體」的表現，也有著根深柢固的宗教性格，更不說各種祭祀——祭神、祭鬼的「祭」，在民間有輪番的演出。

日本宗教發展到現在，就數字來說，屬於神道系統的神社（統一的有开字型大門通稱「鳥居」者），有八萬四千零八家。此外寺院有十四處，教會有六千六百零六處，再加佈教所二千零十六處，以及其他傳教設施七百四十處，合起來有九萬七百八十四個形態不同的神社、神壇、神廟之類組織。在這些神道集團之中，神道信徒有多少呢？是一億一千六百九十三萬二千三百九十八人。這是九五年日本文化廳出版的《宗教年鑑》的統計，應該可靠。但是，日本人口不過一億二千數百萬人，這豈不是人人都生活在神的世界裡與神同在了？沒錯，日本人的一生，沒有不到神社去參拜過的，特別是伊勢神宮——天皇祖神那裡。在東京，每年元旦由零時開始，一下子就有十萬人湧進明治神宮，這一天收入的香火錢達五千萬圓以上，可見對神道教的信仰是很虔誠的。

日本的神道教是怎麼來的，沒人說得絕對清楚。這複雜問題，可以上溯千年以前的神話時代，例如神道系統中的「神社本教」，是祀奉天照大神、天神地祇與八百萬神的。日本所有的這些神，都是摸不到、看不見的盤旋在精神領域裡。就是「神社本廳」所轄全國神社的神，其來源也是不知所以的由前人口傳下來，當為統治工具信仰著而已。

日本的神道教，既有出雲教、大和教、稻荷教、扶桑教、天地教，也有金光教、大倭教等一百三十多種，在這無數種類中，約可分為「神社神道系」、「教派神道系」與「新教派系」三個分野，後者的「新教派」，是由幕末至明治時代興起的，例如天理教就是其中之一。這些組織，在戰前都由國家神祇院來管理，不但都是右派，更是軍國主義溫床，而且和尚在戰時都上過前線，刀起刀落，殺得更兇。就是現在，他們的思想也未改變多少。我曾和幾位歐美人士訪問過日本古剎，在去松島的「芭蕉奧細道」途中，聽過住持談話，在投宿的夜晚，大家吃了一驚。

日本宗教，除上述勢力最大的神道教以外，就是佛教系統的天下了。

日本佛教是在一千四百年前的「飛鳥」時代，由中國傳來的。到奈良時代已有元興寺、大安寺、法隆寺、東大寺、藥師寺、唐招提寺、西大寺、興福寺等寺院的興建，它在當時是貴族社會的信仰主流。可是到了平安時代末期，因戰亂頻仍，天災病疫踵接，於是有新佛教——臨濟宗、淨土宗、曹洞宗、日蓮宗、真言律宗的出現。這些新興宗教的特徵是把教義簡明化，因此迅速擴大了勢力。可是到明治時代，在廢釋毀佛的神、佛分離政策下，佛教受到了嚴重打壓，殘存者僅有十三宗二十八派而已。其間曾命令改變教義，並把「大來教」的神殿給爆破摧毀了，因為「出凡入淨」思想與軍國主義不合。

戰後，日本佛教又經之營之，先後冒出來七萬七千二百二十四個寺院，和其他教會以及佈道所等組織，共有八萬八千七百九十四處，信徒也達到了八千九百萬人以上，真是野火燒不盡，春風吹又生。

日本人是很奇怪的，從一生下來，求神問卜以及各種「祈願」（禱告），是上神社。結婚時則去教堂找上耶穌基督。死亡時的葬禮，則是佛教式的有和尚誦經。因此，各宗教的信徒人數，是重疊著的超過了全國人口的總合，一個人信仰多種宗教毫不稀奇。華僑在橫濱蓋了個關帝廟，也居然香火鼎盛，膜拜一次要五百圓，也不吝惜。

日本的佛教演變到現在，是非常多歧的混亂的。信仰釋迦牟尼或普渡眾生的菩薩者有之，把法華經與圓教、密教、禪法、戒法搞到一起的也不稀奇。還有視神、佛、儒、道為一體的，說要以心傳心來建設地上天國。大致來說，日本佛教可分為「天台系」、「真言系」、「淨土系」、「禪宗系」、「日蓮系」等五大系統，又在這不同的每一系統之下，各有二十至三十多個教派。其中屬「日蓮系」的「立正佼成會」，有會員六百五十萬人，它不但早成政治團體，有其支持的目標，而且還組織了國際宗教聯盟並推動了裁軍運動。它和天理教的勢力不相上下。此外擁有一千六百萬人的創價學會和擁有三百萬人的靈友會，都是政教合一的代表性集團。

日本宗教，除神道、佛教以外，另有基督教四十多個團體，他們的勢力和教徒，僅占日本宗教全體的百分之二，可以說只是象徵性的存在。日本學者說，宗教的興起，是起於貧、病、爭，他們在二十年前發生石油危機時，有過宗教BOOM，現在經濟不景氣，又出現了宗教熱潮，不僅是新興宗教像雨後春筍般冒出來，而且相關的神話寓言和怪誕的著作，也充斥於市。在人們有失落感時，它乘虛而入，助長了社會的不安。

日本社會在每方面都有兩極性——科學非常進步，相反的迷信程度特深，而且一遇到「神」

就失去理智，時常誤入「空門」。另一方面，日本的宗教團體率多披著神、佛袈裟，作勢力的集結和淘金的勾當。因為他們都站在執政團的一邊，所以各種邪教橫行，卻是受到優遇和縱容。於是有奧姆教的沙林慘劇，女祈禱師的殺人事件，「靈感商法」的騙人事件，相繼登場，給神國帶來驚駭與麻煩。作家司馬遼太郎針對這些事件說：日本輸入的文化是生吞活剝式的，對佛教更是理解不多，所以和尚也娶老婆生孩子，甚至還上酒家去作樂，以及行為不檢，都是六根未淨。日本宗教，是他們文化重要部份，這個繁雜的課題，就暫時說到這裡吧！

日本神教與天皇制的演出

天皇制，是靠信仰而成立的一種想像體系。其中有自覺的信從，也有認為天皇生來就是神的，還有不自覺的去支持天皇制的，這些都可概括在想像的體系範圍之內。許多人並不深知天皇是怎麼一回事，只是在電視上看些報導，就到皇宮門外簽名。無論是生病或過生日，都有些青年去排長龍表示膜拜。這個無人勉強的無意識行動，都可以說是由天皇制的本性——信其為神，而造成的現象。這類行為，廣義的來說，是宗教之屬。從這裡，不僅可以看出現在日本天皇制的問題，也可看出日本的思想狀況。這在戶坂潤氏的《思想與風俗》一書（一九三六年刊）裡所提到的「日本民族宗教」中已有良好說明。他的概念，證諸今日情況，可以說意味深長。

例如在一九八〇年代，日本把軍費限定在國民總生產百分之一的規定取消，正好和在三〇年代所進行的軍國主義化相對應；之後推動的國家祕密法，也和當年的軍機保護法乃至治安維持法相類似。更有甚者，兩年前文部省發表了「新學習指導綱要」，下令各級學校要唱天皇治世祝歌——君代(KIMIGAYO)，掛太陽旗，把它當成義務，這也是向戰前體制過渡。還有人說，現在的日美韓軍事同盟，猶之乎當年的日德義防共協定。「有事立法」可以媲美戰時的國家總動員法。政黨右傾化、工會保守化，政、官、財界勾結所形成的新殖民地主義(Neocolonialism)，和昔日的大政翼贊會、產業報國會，沒有太大差別。這些事例，正是來自日本民族教的概念。

前述戶坂潤氏，曾就日本一九三〇年代的宗教，指出三個潮流：

第一個潮流是，當時的新聞媒體，曾高喊「宗教復興」，並大量出版佛教、基督教、神道教方面的經典，以及各種預言、靈的體驗、靈界通信、神秘主義、占星術(ocuetism)等相關著作。無獨有偶，最近在書店陳列的各種宗教書，堆積如山。從一九八〇年代起，就向這個方向演進著——神祕主義、ocultism、靈界體驗，無奇不有。

電視上，也有自稱高僧、名僧的宗教節目，這和一九三〇年代初期，在廣播電臺裡所搞的宗教講話，並無二致。過去和現在的「宗教復興」運動，因與新聞媒體相結合，所以有飛躍性的發展。

第二個潮流是新宗教或稱民眾宗教的興起。諸如主張實利生活，由德光傳下來的

HITONOMICHI、大日本觀音會（後稱世界救世教）、大本教、靈友會等，都各擁有數十萬信徒。這個現象，充分顯示了社會的不安，不知所從，最後走上了認為可以得救的新宗教之路。別看日本經濟發展、科學進步、社會秩序良好；其實日本各種小宗教，包括邪教的興起，正是起於經濟有了發展的年代。因為在高度成長下，不乏敗下陣來，他們把無奈無告寄託到新宗教上去了。可以看得出來，到這個世紀末，各種「神」還會不斷的出現。

這些雞摸狗盜之類的小宗教，無論它的教主怎樣淫威，都成不了大事，至多是蠱惑人心，沾些教徒奉獻的便宜而已。

第三個潮流——日本民族宗教。它不僅是日本的神道而已，也是在天皇制籠罩下的心性指針，其內涵包括了日本國體、日本主義、精神主義、非常時期精神等，其概念影響很廣。這種民族宗教的形成，是日本軍部、官僚、日本型大資本家三位一體的傑作。日本民族宗教早已滲透到教育、風習、文學、藝術方面，更不說它在政治、經濟領域所引起的絕對作用。概括來說，天皇下的民族宗教，既是日常生活的宗教，也是日本意識的宗教；因此，其他宗教，將來都會被這第三潮流侵蝕。日本的大本教本部，在一九二一年和一九三五年，曾兩次以犯了不敬罪被繩之以法；但這個宗教，在昭和天皇死去的一九八九年一月七日，反過來用「御崩」字眼，對他們的天皇恭順崇敬有加。這個改變是被第三潮流淹沒了的結果。

日本民族宗教（神教）的基本精神，是「自動自發的服從」，在每個地方嚴格講究並徹底實踐。現在日本新保守主義抬頭，並在政治上進行了改編。與其說這是為了甚麼目的，不如說，這是起於精神構造。

他們的宗教精神——「自動自發」與「服從」連結在一起，本來是兩句矛盾的言詞。硬把服從說成是自動自發，這是「管理社會」的特徵，不但支配了你的行為，也支配了你的內心，讓你表裡一致的接受並傳承下去，這是日本民族宗教無微不至、令人費解的地方。

「自動自發的服從」，和「自己事自己決定」成強烈對比。前者既是被牽著鼻子走，以他人的行動和生活樣式為樣式，又得承認這些行為是自動自發的，難怪立教大學教授粟原彬說：這是人格的二重化表現。

要想了解天皇之下的民族宗教，必須從演出天皇制的模特兒著手來看。

上演的主角是日皇本身，但是演出的劇本，則是出於政治大權在握者之手。

介入劇本並主持舞臺的Perform，前臺由宮內廳及政府有關單位負責，後臺則由自民黨、中道政黨、財界、官界、右翼和巨大企業來推進，非按他們的意思演出不可。此外，在舞臺上也少不了唸臺詞作旁白的人，這些人日本稱為媒介者，亦可稱為跑龍套的，這些合唱者在演出效果上十分重要。這個和日本國土相等的大舞臺，在他們來說，演出不難，只要政治意念一經決定，就把它推向另一次元。亦即把劇本內容下達至中間的決定者，有媒介性的指導者，他們多屬公的組織與情報產業界，這種天皇制的演出，天衣無縫的巡迴在觀眾面前。當然，也有拒絕看這臺戲的，但絕大多數是這宗教的信仰者、服從者，所以「票房記錄」不衰。

主演天皇制，首先著重天皇的存在感，即其空間的構造與時間的構造，要面面俱到。

關於天皇的空間構造，折原脩三氏說：「天皇制的本體，是個空虛的中心」，這個分析很有代表性，也是日本天皇制空間構造的一個重點。

折原又說：「天皇是由天井落下來的一道光，在這照明裝置下，沒有人影，只有一把亮麗的椅子浮在空際。」

可是，空虛中心的這把椅子，在漆黑的劇場裡，是夠吸引人的。在這空虛的中心四周，有各色各樣權力圍繞著。由宮城而東京，再由東京散布全日本，也想由日本擴散到世界。我們繞皇城走一圈便可知道，天皇制的空間，既是無限大，也是無限小，因為基本上是虛的，是統治上的一種裝置。

日本沉沒說

《日本沉沒》，是一本書的書名，我不敢造次，也不敢這樣亂起名堂——對全世界看好的經濟大國怎可如此推斷？

邁入公元二千年，日本產業將加速空洞化

《日本沉沒》，是由十一名活躍在第一線的作家共同執筆的，其中包括中京大學教授河宮信郎、帝國DATA BANK情報部長中森貴和、美國經濟評論家迪卡特・麥夫等，就日本沉沒的原因，作了多方面探討。其一是說日本的失業率，由現在的二百四十萬人(3.5%)，到二〇一〇年會達到一千一百九十萬人(17.8%)，這是「日本勞動組合聯合會」知庫與「總合生活開發研究所」，在去年提出的報告。理由是日本經濟在今後只有年1.4%的低成長時，若干企業將紛紛遷赴海外，使日本的空洞化加速。有關報告說：越南的勞動者，每天工作八小時，

週六也不休息，年薪僅有五萬日圓；而在日本，同樣工作的報酬，每人年薪要五百萬日圓，相差百倍；和中國大陸相比，也差三十倍，在這情形下，日本企業在亞洲近鄰設廠，來個逆輸入，才有賺頭，利之所在，惡性循環隨之，於是日本國內的廠商開始處境困難了。

在執筆的此際，新聞報導說，有從業員一千六百人，店鋪達一百多個「KOKO崗」寶石商，因負債六百億圓宣告破產。年來大型倒閉的廠商已有一萬四千件負債八兆一千二百二十八億，五年連續九千多家，其中有債務達一兆圓以上關門大吉的。此外還有一百五十萬人處在個人破產狀態中。他們大多是因分期付款買房子、買汽車，無法償還引起的。在這情形下，失業增加，勢不可免。日本通產省說，在工業製造部門，再裁員一百四十萬人，才能生存下去，由這官方發言來看，日本確實是處在大轉換期了。

其次《日本沉沒》著者舉很多例證說，當前世界各國都維持了小康局面，只有日本每下愈況，自新年以來的一個星期之間，股市暴落日經平均三千圓，看趨勢還要下降兩千點，因為企業界對日本經濟已無信心，是一片黯淡光景。他們擔心，銀行、保險業擁有的債券浮益，到時候會變成零。

到了二〇二〇年，日本將從債權國轉成負債國家

現在，日本的電視機，有百分之八十是從海外生產後內銷，錄影機有百分之六十也是這樣，此外在日本視為戰略性產業的汽車，在海外生產的已達五百萬輛，超過了國內的總合，更不說日本販賣的個人電腦多為臺灣製品，所以，整個產業空洞化是不爭的事實。

雖然日本經濟陷入了這樣困境，但表面上看不出來，街道仍很乾淨，生活仍有秩序，高樓大廈還不斷出現，許多房子租不出去也在挺著局面支撐。但問問計程車司機和開小飯館的，都說現在的收入，只有以前的一半，想要歇業卻是找不到更好的工作，大企業更是愁眉苦臉。

為什麼日本的經濟在幾年之間由暴發戶一落千丈了？在《日本沉沒》一書裡是這樣說的：

一、股票已跌剩三分之一，房地產跌價到二分之一，高爾夫球會員權跌成四分之一，各銀行、保險公司大多陷在赤字經營之外，日本的各種債務也成天文數字了。首先說國債和地方債，到目前為止已達五百四十兆圓，光是利息就要年列一百七十兆的預算，從日本「經團連」提出的報告來看，這項債務不但無法減輕，它到二〇二〇年時，將增為八百十二兆。現在日本對外資產約有一百三十兆圓，在進入二十一世紀之初，不但化為烏有，而且會變為欠有外債的債務國；日本大和研究所的預測與此相同，可見他們的觀察都有根據，不是空穴來

風。

二、日本的「債」不止上述那些，在經濟不景氣過程，政府進行了大量財政投融資，其融資總額已達四十九兆一千二百四十七億日圓，這些錢並非出於預算內的會計支出，而是由郵政儲金、厚生年金（保險金）、國民年金裡挪用的，也就是向民間暫借的，既要償還，又有利息負擔。此外還有國鐵（鐵道運輸），在由國營轉為民營時，清算的結果，積欠了二十五兆圓的龐大債務，到明年加上利息就變成二十七兆了，一直沒有財源償還。所以整個計算起來，日本國民每個人的頭上，都頂著兩百五十萬圓的債，因為羊毛出在羊身上，國家的債就是國民的債，只有抽稅一途了。

日本學界與企業界對橋本內閣大感失望

現在日本的消費稅，從今年四月起，就要由百分之三，上升為百分之五，人們不待這個事態來臨，就已恐慌四起，說在增稅以後生活更困難了，它直接影響到消費和工商業的發展，因此股票大跌不停。

在學者間與企業界，一口咬定說政府的行政改革太慢，還有「規制」太多，以致景氣無法好轉，更對這次橋本內閣的預算案大感失望，認為把財源都分配到與「族議員」有關的部門去了。這些有關部門，包括特殊法人和鐵道公團、船舶公團等數十團體，因此引起了很大風波，輿論說雖然這是數十年來的成規，可是已經處境不同，應該知所撙節，為此，日本的老百姓和政府，都開始煩惱著，不知所措。

其實，日本現在的處境是宿命的，必然的。因為自戰後以來，他們的經濟政策，是採取了一如生產武器大砲那樣的重點政策，繼之以洪水輸出，並把設備擴大再擴大，是官民一致的對外展開了經濟攻勢，其方法是資金由大藏省與日本銀行提供，形成了leverage式的經濟體，此舉獲得了很大成功，但是財富累積過多，就轉向了大規模投機終於產生了bubble，這個「泡沫」越來越大，銀行和信託業的不良債權，亦即呆帳，在一百兆圓左右，日本當局不敢完全掀底，目前是只能拖一步算一步，誰也拿不出有效辦法來，所以《日本沉沒》、《日本破產》、《銀行犯罪》這類出版品充斥於市，這裡只是簡單介紹其中之一而已。

日本的出版事業

日本在去年出版的書籍，是四億九千三百萬冊，販賣的金額，是四千九百七十億日圓。同期出版的月刊雜誌共二千一百二十二種，年間發行了二十三億二千萬冊，販賣金額達一兆日圓以上。此外還有六十九種週刊一年間發行了十六億二千萬冊，販賣額共三千三百億日圓。其中，就月刊雜誌來說，屬於兒童讀物的一百七十種，屬於婦女的四十四種，一般大眾性的三百二十種，綜合性的八十一種，文藝性的六十五種，影藝方面的三十七種，美術方面的二十八種，音樂方面的五十六種，生活方面的一百一十六種，趣味方面的二百十三種，體育活動方面的九十四種，經濟方面的五十二種，金融方面的一百五十三種，社會性的二十四種，時事方面的四十一種，哲學方面的二十四種，參考學習用的三十三種（包括廣播雜誌），語學方面的三十四種，教育方面的一百一十五種，地理歷史方面的十四種，法律方面的二十四種，科學方面的三十八種，工學方面的二百三十六種，醫學方面的一百一十九種，農林漁業的二十七種。這各分野雜誌的種數，是指有定價，在書店出售的而言，不包括日本成千的學會與協會所出版的上千種的學術雜誌在內，由此可見，日本的出版物，是值得研究，值得重視的。

一個國家的進步和發展，不是憑空而來，人們常說日本是個善於模仿的國家，把先進國的東西拿來模仿改良，然後加工製造，獲得了成功。事實上，問題並不那樣簡單，模仿，要某種能力上的基礎；改良，更要研究上的工夫。從這海水般的出版物，便可體會到，這是從文化紮根做起的，否則「模仿」達不到超前的程度。

在日本住久一點，並留心到出版物的內容時，大體都會知道，這些出版物，殊少粗製濫造；就是娛樂的或黃色的，他也向他的目標，作最佳表現，挖空心思，去博讀者的喜愛，否則沒有任何刊行物能長期生存，其競爭的激烈，是可想而知的。

在日本，有出版科學研究所，專司出版物的推廣普及，並對出版物作科學的調查，把有關資料提供給業界，它是誠實可信的共同性的調查機關，隸屬於全國出版協會。因為有這種組織，所以出版動態，容易掌握。凡此，從該研究所出版的《出版指標》《出版月刊》中，都可一目瞭然；其中不但有「資料報表」，而且也有「家計收支」統計，亦即由家庭用於圖書雜誌開支情況的理解，來作出版供應的計劃，這是非常科學而又實用的。

一般而言，出版社只要有一本書是暢銷的，它就平步青雲了。日本業界有個口訣，說「十萬部有厚酬」、「八十萬部蓋大樓」。意思是說：一本書能賣到上述那些冊數，便有那樣多的收益。前三年，光文社出版了一本《惡魔的飽食》，曾賣到百萬冊，山口百惠的《蒼莽時》，也達到過高峰，都賺進了幾億。暢銷書，都與時代背景，社會需要，有密切關係。甚麼風頭來了，要能抓得住，跟人屁股後的，只有賠死，倒閉了事。所以日本的出版社，也是幾家歡樂，幾家愁。在去年的一年，有一百五十一種雜誌脫禍關門了就是一例；但是不畏前途荊棘，勇敢創刊的，竟有二百四十五種之多：諸如《FASHION 預測》、*EXCITING BIKE*、*JUDY*、*COLLET*、《寫真探偵團》、《大人特選街》等，都是新出現的，而且雄心萬丈，但是後果如何，殊難判斷。現在新創刊的雜誌，大多數以女孩子或者少年為對象。知識性的減退了，由這裡也可看出社會型態和轉變的趨勢，因此，有理由說，雜誌，是那社會的一面鏡子。

在日本出版界，另一個話題，是文庫本的增加，勢如破竹。在一九七三年以前，日本只有岩波文庫、春陽文庫、新潮文庫、角川文庫、現代教養文庫、青木文庫、學燈文庫、國民文庫、創元文庫、山溪文庫、旺文社文庫、聖教文庫、鳩之森文庫、Collor Books文庫等，這些文庫每年出版四十~五十種或百餘種——其中講談社文庫的出版量，一直領先。可是到了一九七五年，各類文庫的名目多到七十餘種，甚麼「投稿文庫」、「宇宙船文庫」，都紛紛出籠了，使整個的文庫本書籍，多到三千一百六十種。這些袖珍本文庫，且包括了漫畫，價格較一般書籍為低。前者平均一冊約三百日圓左右，後者平均在一千日圓之間。把一般著作文庫化，是為便於推銷的競爭手法，自不待言。

但是，高價書，也貴得驚人。標價一萬日圓以上的，共有一千三百二十九種，其中醫學、藥學的，占全體的一六％。以外是繪畫、彫刻、藝術、教育方面的。這些高價書也包括辭典、事典之類。又，各類「全集」的出版量也相當之多，遠在一九八五年就出版了一百七十五套，這是大部頭、大手筆之一。

總括的來說，只是書籍，在去年平均每月，有三千六百五十三種亦即每天有一百二十種著作問世，這個數字，比前年增加了一・二％。可是，有關教養、實用、專門的，呈減少趨勢。行文至此，筆者和日本朋友城山先生談起日本的讀書風氣，可以作為插話。他說：「日本人讀書成癖，但是過目成忘。並非都在澈底記憶，或澈底研究。只是不讀書，便覺空洞無味。」

確實，這樣多的出版物，怎樣消化得了？照統計來看，日本人口是一億三千萬有零，把出版物的數量加以分配，平均每個日本人，必須每月讀三點九冊。如果扣除學齡外的和耳目失聰的老年人，每人每月的讀書量，在六冊、七冊之間，有關讀書的調查數字，也正是如此。書香社會，日本該可當之了。

日本的週刊雜誌

現代的大眾傳播媒體，除了電視、報紙之外，功能最大的則是週刊雜誌。後者特別是在知性社會的發展上，意義重大。因為電視的瞬間播報，祇是提供一些消息，而報紙也是概念的傳達，詳盡而周延的報導，乃至深入的歸納分析，則是雜誌的任務，特別是先進國家的情形是如此。以美國為例，行銷百萬冊以上的雜誌，不下五十種，其中光是廣告收入，年達八千萬美元以上的就有十家，而《時代》和《新聞週刊》的這項收入竟分別高達二億一千九百萬和一億七千九百萬美元之多。前者年間的廣告頁是四千一百一十七頁，後者亦達三千四百餘頁。由此可知，這種週刊雜誌，在人們的生活領域裡，佔有多大的份量。

社會的一面鏡子

屬東方文化圈的日本，出版業的發達，在全世界僅次美國，只是週刊雜誌就有六十三種，整個的發行量為年間十億八千五百萬冊。這龐大數量，不過是「資訊」來源的母體之一，所以任何「資訊」問題的強調，都得從這方面著手。日本的雜誌，區分開來說，無論是軍事的、經濟的、文學的或科學的，每種道來都很費筆墨，沒有萬八千字，很難交代清楚。尤其各大學會所辦的學術雜誌，市面上雖不常見，但是多得驚人，而且是精華所在。這裡僅是介紹「週刊」，是大眾化的和一部份學術的。

任何社會，有道貌岸然的一面，也有非常齷齪的一面，日本尤其如此。到底隱惡揚善好，還是纖毫畢陳好，不是本文討論的對象，因為這牽涉到思想習慣和社會制度。

日本在若干方面，是循著他們認為的「合理主義」(rationalism)前進，所以貴為總理大臣的田中角榮，因醜聞的揭發而告下臺，而且一直是底牌揭不完的對象。這樣的例子太多。往好處說，這是社會實態的反應，往壞處說，是揭人隱私。正因如此，日本的週刊雜誌，成了社會的一面鏡子，可以從中得到真切的認識，包括這些雜誌的作風在內。

得人者昌，後來居上

在日本辦這些刊物的，一是全國性的大報社，二是有雄厚基礎的出版家，目的不僅是為了賺錢，最大的著眼點在於市場的壟斷，所以都是兼營幾種，不為第三者留有插腳的空隙，其中成功最早的《週刊朝日》和《Sunday每日》，在一九五〇年初，就已分別發行到百萬份，但是這些由報社發行的週刊，並未一直維持顛峰狀態，反被後起的各出版社系統的週刊壓倒，並領先到現在。推其原因，乃是「得人者昌」。

一般來說，辦刊物沒有不是人才主義的，但是日本的報社，在人事制度上，無形中有著門羅主義，某者某年入社，到那階段該當何職，都得循序而來，同一系統的週刊編者，也只能就中揀選，但是一個發行近千萬份的報紙，內部已經分工太細，再多的經驗，也是局部的。而且週刊和報紙的性質不同，前者有著規範和準據，外電不漏，消息搶到，論說中肯，斯為上矣，而週刊的內容漫無邊際，是針對社會動態的最突出點，人們最關切或最感興趣的來下筆，無論是國內或國外的。這自然需要足夠的資料和執筆者作後盾，但是最大的問題，還是主編雜誌的「旗手」，必須認識在先。在這情形下，日本出版社所屬的週刊，在人事的運用上較為靈活，不但網羅了傑出的編者，就是錄用一名記者，也與報社的採用方法不同，除各種相關學科的測驗外，要攜帶紙筆和攝影器材作一日採訪，才能判定成績是否合格。由於陣容的差別，競爭下來，也就高低互見了。

名堂很多，無孔不入

日本的週刊雜誌，也可分為綜合性的、女性的、影藝性的、經濟性的等等，不但名堂很多，而且無孔不入，就是賽馬的、釣魚的，也都有其暢銷的路線。其中屬於各大報社發行的綜合週刊，計有：①《Sunday 每日》（每日新聞社）、②《週刊朝日》（朝日新聞）、③《朝日Journal》（朝日新聞）、④《週刊讀賣》（讀賣新聞社）等。

各大出版公司發行的綜合週刊為：①《週刊新潮》、②*Focus*（新潮社）、③《週刊現代》（講談社）、④《週刊Post》（小學館）、⑤《週刊文春》（文藝春秋社）、⑥《週刊Asahi藝能》（德間書店）、⑦《週刊大眾》（雙葉社）、⑧《週刊實話》（日本Journal社）、⑨《週刊時代》（廣濟堂出版）、⑩《週刊寶石》（光文社）。

除了上述綜合性的以外，關於影藝和女性方面的有：①《週刊女性》（主婦與生活社）、②《女性自身》（光文社）、③《女性Seuen'》（小學館）、④《微笑》（祥傳社）、⑤《週刊平凡》、⑥《平凡Punch》（平凡社）、⑦《週刊明星》、⑧*Playboy*、⑨*Seuenteen*（均為集英社）、⑩《週刊TV guide》（東京News社）、⑪《週刊Television節目》（東京Post社）、⑫*The televison*（角川書店）。

其次是屬於趣味性的為：①《週刊漫畫》（芳文社）、②《週刊漫畫Sunday》（實業之日本社）、③《少年Jump》（集英社）、④*Young Jump*（集英社）、⑤《少年Sunday》、⑥*Big Comic Spiritus*（小學館）、⑦*Magazine*、⑧*Young Magazine*（講談社）、⑨《少年King》（少年畫報社）。

最後是屬於學術性的週刊，例如：①《醫學的進展》（醫齒藥出版）、②《日本醫事新報》（日本醫事新報社）、③《週刊Economist》（每日新聞社）、④《週刊Diamond》（Diamond社）、⑤《週刊東洋經濟》（東洋經濟新報社）以及時事通信社的《世界週報》等。

在以一般大眾為對象的綜合性週刊之中，現在發行量最多的是《週刊Post》。據日本ABC協會的調查，一九九六年上半年（一至六月），每週的平均發行份數為八十八萬冊。在一九八六年每期平均為七十萬六百二十冊，十年間增加了十八萬餘冊。依次為《週刊現代》六十九萬四千冊，《週刊新潮》六十一萬四千冊，《週刊文春》四十八萬六千冊，《週刊朝日》落到第五位，為四十五萬三千冊，僅及極盛時期的一半。

週刊POST

小學館出版的《週刊Post》，是一九六九年十一月創刊的，開始是從「講談社」挖角，把該社所屬《週刊現代》的總編輯荒木博羅致，連帶的有二十名記者也隨著移轉而來。這班人馬，不到十個月，就把《週刊Post》的發行量推進到五十五萬份。

荒木博的手法，是策劃了衝擊性的「社會告白」，這個版面在第二年九月登場，第一箭就射向了內幕重重的職業棒球界。因為日本的球迷遍佈每個角落，觀賞球賽，成了生活的一部份，而且無論男女老幼，當然這類新聞轟動面廣，從此雜誌開始暢銷。在這以後，荒木又針對最難彈的新聞界發炮，那是同年九月二十九日推出了：「你所讀的是危險的新聞！」專輯，舉出《東京時報》、《產經》，說出這些新聞的偏差和可怖，並述及全國性報紙與地方報紙的黑暗面。這個特輯，無疑地是太歲頭上動土，於是前述兩報向法院提出了告訴，荒木總編輯因此垮臺。他由創刊到去職，才一年三個月，可以說曇花一現，雖然後來法院作了不起訴處分，但是他已失掉施展的機會。

《週刊Post》的第二任總編輯，是野口晴男，由於前述事件的煩惱，發行當局小學館，對於雜誌的內容，已不希望再有糾紛發生。但是野口晴男在他上任七個月後，領導編輯和採訪，推出了更轟動的「影藝界相交圖」，其中把歌手和作曲家以及和棒球選手之間的私通關係，情文並茂的全盤托出，特別還都指名道姓的加了表解，非常惹眼，並且這種「告白」，到此已經搞了七十一次。

這次的影響很大，首先是作曲家榜上有名的，都門可羅雀，無人問津了，職業和生活兩告停擺，但是一個月後，警視廳把該社兩名記者以「威脅罪」逮進官裡，擔當編者也受到了約談。事發以後，與作曲、作詞有關團體——日本音樂事業協會（簡稱「音事協」）起而呼應，通告所屬成員，拒絕小學館的採訪、拍照，於是演成了對立局面。

逮捕的兩名記者，以證據不足，在十天後釋放了，這更增加了問題的複雜性，因為既無犯罪證據，自然是心有不甘，想要反控「誣告」，但小學館恐與「音事協」決裂，對兩名記者出以多數「慰勞」，才算安撫下來。但「音事協」並未因此罷休，於是小學館以在商言商的立場，由社長領銜在朝日、讀賣等各大報刊登啟事道歉，才算收拾了殘局。由於小學館的軟化，「音事協」一變，對取材記者形成了壓力集團，在這情形下的《週刊Post》記者們，看到公司既顧不了本身的名譽，當然也維護不了他們的尊嚴，為了自衛，於是組織了自己的工會。也正因此，第二任總編輯，不久就離開了小學館。

在這以前，《週刊Post》所揭櫫的編輯目標，是：①情報優先，②為讀者代言，③搶到前端。雖然這種作風使雜誌風行了，但也招來不少是非，所以第三任總編輯關根進，在到職以後，改採了穩健路線。他是早稻田大學教育學部畢業的，早在一九六三年就已進入小學館服務，並曾做過同一公司的GORO雜誌主編。《週刊Post》在他主持之下，講究實用、實益，也就是儘量提供讀者所需，在這政策下，發行量有增無減，小學館去年的決算，利潤已達七十九億日圓。

週刊現代

講談社發行的《週刊現代》，是一九五九年四月創刊的，那時正是「週刊」的熱潮興起，可是這家週刊的總編輯一直不安定，到去年三月鈴木俊男接事，前後已經換過十二個人，平均任期不到兩年。

就《週刊現代》的歷任總編輯來看，可以分為兩個類型：一是才能出眾，一是長於管理。講談社組織龐大，從業員一千二百人，出版的各種雜誌也多達二十二種，書籍無算。但是他們對這本週刊的重視，可以說超過一切，因為財源由此滾滾而來。所以這個帶隊的總編輯，也就任務重大。其中，才能型的，恃才傲物，與同僚合作欠佳；管理型的，在版面上難期突破。在無法求全責備的情形下，時常走馬換將，亦因兵源充足。

《週刊現代》的基本路線，到第四代總編輯牧野武郎，就已規劃就緒，是以白領階級為對象，作為編輯指針。白領階級所需為何？錢的慾望、地位的慾望之外，都少不了「女人」，這個設計可以說十分成功，因此在數年間它的發行數字超過六十萬冊了。所以在這以後，諸如「土耳其」的去處，以及色情媒體，都成了該刊不可少的一頁。這個功勞者牧野退陣以後，公司且優遇他作了董事、顧問，直到退休。現在則自己獨立發行了《壯快》、《特選街》、《太郎塾》等三種月刊，而且每種都很成功，可見事在人為。

第五代總編輯，就是被小學館挖去的荒木博，他是張狂性人物，常對同仁指手劃腳，在新聞圈裡，人緣很差。所以他的去就，並未引起講談社的恐慌。第六代名田屋昭二也未維持太久，可是第七代總編輯川鍋孝文的跋扈，就更異於常人了，他先把前任留下來的幹部調走三分之一，清除了名田屋昭二的勢力，因此記者們為了自保，竟組織了「現在記者會」，來和他對抗。

為甚麼這個總編輯敢於與眾為敵？這是日本人特有的習性，權力是夢寐以求的，得手就立刻使它成為壓制的工具。另方面，川鍋對於一本週刊來說，幾乎樣樣皆行，所以手下的工作常遭指斥，以致整個編輯室裡怨聲載道。

不出意外的，他在任兩年三月宣告下臺，在這以後，《週刊現代》的總編輯人事也未安定，畢竟是人才難尋，在任何國度都是一樣的，特別是既要能力又要品德，走在文化前面的編者。但是第十一代總編輯伊藤壽男，他使這雜誌風格一變。第一、他重視署名的nonfiction作品，第二，著重政治方面的報導，給《週刊現代》帶來幾許發展，因此銷路增加了。

伊藤壽男在獲得好評之後，去年三月激流勇退了，現任的鈴木俊男，雖然蕭規曹隨，還在臺上，可是已經山雨欲來，風滿樓，這位導演型人物，出身於東京教育大學，現在議論最多的，是他刊載了三越百貨店前任社長岡田茂的〈我的苦惱，我的戰略〉一文，而這位社長已因貪污和賬目不清，被繩之以法。還有，把因洛克希德公司賄案判罪的小佐野賢治的企業集團，作了十四回連載，這些都引起了流言蜚語。

週刊新潮

依次再談新潮社出版的《週刊新潮》，這本雜誌到今年一月二十三日，正好已滿二十五年。主持編務的野平健一，自一九六四年起，直到前年晉升為董事會「役員」（高級幹部）為止，未曾離開這個崗位。但是，在他撐舵的二十多年之中，也並非風平浪靜，所幸與老闆之間默契良好，並且路線一直不變，成了該刊一大特色。

新潮社的從業員，共有四百多人，不但出版週刊，也出版《小說新潮》、《藝術新潮》等月刊，特別是「新潮文庫」，馳名遐邇，當然有些人才。所以在前述野平健一《週刊新潮》的總編輯升遷以後，就由社內遴選了山田彥彌遞補了。

山田當初是以契約記者身分，參加到《週刊新潮》來的，終以表現優異，從十一名契約記者中脫穎而出，被採用為正式社員，所以他做了總編輯之後，與舊日同仁之間，在輩份的劃分上還有著尷尬的一面。

山田上任伊始，正逢該刊長期封面畫家谷內六郎去世。這位已為《週刊新潮》畫過一千二百零九張封面的設計師之與世長辭，不得不使該刊以新的面貌與讀者相見。但是這對一個風格既定的刊物來說，還是很大損失，因為讀者已對這熟習的面孔有了親近感。

除了這個改變以外，山田想表現一手。於是在當年三月二十六日一期的週刊上，以「不是偶然的表參道上的streaking」為題，作了「暴露」的報導。「表參道」者，乃去明治神宮的正門，地在東京原宿，是年輕人集中遊蕩的去處之一，也有隨處作樂的，正好他們的記者手急眼快，在這裡攝得最佳鏡頭——不能見到的裸露部份。這個無遮攔的報導刊出以後，於是發生了法律問題。

日本的法律在這方面的規定很特殊。任何裸照並不限制，只是不能突出那叢毛。帶毛的照片，才構成猥褻罪。當然這些常識，編者、記者都十分清楚，只是基於「突出」更有號召力的觀念而已。另方面，這種猥褻照片，雖不滿街都是，在小巷子裡且有自動販賣機明晃晃地成本出售。

雖然如此，警察對那些游擊式的地下出版者窮於應付，但對於大出版公司是從不放過的。不出意外，這期雜誌很快售光，警視廳也隨之通知了總編輯到廳應訊，並下了嚴重「警告」。

「警告」是處罰方式之一。《週刊新潮》不僅這麼一次「偶然」而已，類似的事件正多。值得一提的是，對日本聞人船舶振興會會長笹川良一，創價學會會長池田大作，以及日本共產黨，一直作執拗的批判。其中，笹川良一（已去世）曾去函新潮社抗議：

「……在你們的記事中，對其他人都有敬稱，只是對我指名道姓的當為犯人惡意攻訐，目的何在？以何措施恢復我的名譽？限兩週內答覆。否則我要把這質問公開，迎接挑戰。」

按日本的行文規則，對人，無論尊卑，必須在姓名之下冠以「氏」、「樣」、「君」或「先生」，否則也要註明「敬稱略」字樣，只有對犯人，才直稱其名而已。《週刊新潮》在這情形下，自然是更有文章可作了。於是在次期以「被叱為態度不好的新潮週刊——致笹川良一」為題，搞了個特輯，先把笹川的質問狀公開了，當然這勝利者的歸屬是很明白。但是一般讀者，對這位重於功利的總編輯山田彥彌（慶應大學出身）的辛辣作風，不以為然，所以這本雜誌，尚難與前述兩者抗衡。

文藝春秋社

有八種刊物發行於世的文藝春秋社，國內先進大多耳熟能詳，他們的《文學界》雜誌，在明治二十六年（一八九三）就創刊了，培養了許多作家，諸如浪漫派詩人北村透谷、島崎藤村等都曾活躍一時，後者的《夏草》、《落梅集》、《天地有情》，在日本文學史上佔有重要地位。但是文藝春秋社辦的《週刊文春》，雖曾有過七十三萬冊的每週紀錄，自一九七四年起退到五十五萬冊，一九七六年四十四萬冊，一九七七年四十二萬八千冊，一九七八年回升到四十六萬七千冊，一九七九年又下跌為四十三萬九千冊，一九八〇年四十四萬八千冊，一九八一年四十二萬九千冊，到現在為止可以說每下愈況。

田中健吾在一九七七年接任總編輯時豪情萬丈的，把版面大幅刷新了。他邀了一流作者，如頗負盛名的落合信彥，上前淳一郎等，展開了大部頭連載。此外是插有連環劇畫、生財之道、醇酒美人等，他想重整旗鼓，與《週刊Post》、《週刊現代》一較短長。

這個大牌作者路線的推進，果然使雜誌的發行量上升了兩萬多冊，但是成本與稿費的支出，較前增加了三倍。對此，他自己說：「我只想到競技，特別是當編輯的人，編好雜誌才能談到一切。」但是這個論調，不為他的上司見容，所以一年以後，他被解任了。

解任的導火線，是起於《週刊文春》刊載了一篇〈日本美術界的腐敗構造〉，連帶的把代議士和美術記者都刮進去了不說，特別指出杉山畫伯的獲得文化勳章，是因當時總理田中角榮的推薦。平心而論，日本的美術界，確有極其專橫的一面，任你有天大本領，如果沒有這些在上的前輩首肯，是一生也出不了頭，而且作品審查，要花上大把鈔票，所以有一次，一個年輕的畫家，在展覽會上揮起鐵棒，把個老畫家作品砸得稀爛。但是，田中健吾的不平之鳴，卻是遭到了麻煩，因為聽慣了奉承的畫家杉山寧，在看到這項報導時，於焉激怒，因為他不但與文藝春秋早有淵源，而且已替此雜誌畫了二十年封面。在這情形下，《文春》的德田常務和小林編輯局長，率田中健吾走訪了杉山寧的寓邸，希望認錯了事，但仍怒氣難消，僵局無法化解。至此，這位肇事的總編輯，就只有辭職之一途了。事實他和公司的其他主管，早在冰炭難容之中，已經無法戀棧的了。

田中健吾辭職以後，換由老班底中的村田耕二出主了編務。他的表現，較前稍有起色，這成績是來自去年三月，以「協榮體育館的卑劣謀略」為題，連載了四期，引起讀者的重視，所以去年上半期，平均維持了四十八萬六千冊的水平。但是只想「特載」，沒有恒久的方針，仍是經不起考驗，所以封面與內容，尚在求新求變。村田耕二在這以前，是《文藝春秋》月刊的副總編輯，已經磨練了十年，可是《週刊文春》和月刊《文藝春秋》比較起來，相差的程度，就不可以道里計了。

週刊寶石

另一個異軍突起，是光文社出版的《週刊寶石》，它比其他綜合性週刊遲來十多年，是一九八一年十月五日才創刊的。總編輯森元順司，曾在雙葉社主編過《女性自身》，所以《週刊寶石》的編輯部，都是由《女性自身》帶過來的。這批人離開雙葉社的原因，也因報導出了紕漏，那是騷動一時的「問題小說事件」引起的，並經法院判處有罪，所以不得不另求發展。

《週刊寶石》發刊之初，業界很為他們捏把冷汗，因為綜合性週刊，不但早達飽合點了，而且競爭激烈，可以說戰火此起彼落。但是想不到的，在十個月之後的去年新年號，竟突破了三十萬冊，於是人們另眼相看了，莫不以善戰的勁旅相稱。在這以後，不斷有著新的內容企劃，預期進入本年，可有五十萬冊的成績。

編輯陣容共二十餘人，因為幾乎全由《女性自身》轉任的，所以對於以男士為對象的嘗試，並非沒有問題。其中之一，是去年九月號所報導的「山口組VS松田組——大阪戰爭」，這計畫中的連載，在第三次結束，文尾還記有「下見次期」字樣，但是未加任何說明，從此再未出現。

停下來的原因，事後森元總編輯私下說，原先對這流氓幫派的可怕性，太缺常識。當第三次連載一出，對方就找上了光文社，把副總編輯叫了出去，帶到旅社，拳腳相加，打得鼻青臉腫。

日本的流氓組織，通稱「YAKUZA」，暴力團也，領導者且是世襲的，各有地盤，蠻不畏死，但是盜亦有道，本身規則綦嚴，組織內的命令，無敢不從。但是在日本和這些硬頭貨挑戰的雜誌不是沒有，德間書店出版的《Asahi藝能》，是一直以冷嚴的態度來揭發流氓內幕的，由此可以看出，德間書店的經營者德間康快，並非等閒之輩，能夠呼風喚雨，才不怕恐怖份子的暗算。

綜觀這幾種稱得上暢銷的雜誌，雖然都大搞內幕新聞，和「激情主義」(sensationalism)，但對高水準的讀者，也使在娛樂之外，有些可讀的情報。

基本上，日本人辦雜誌，是以情報為第一。也就是一切不知道的，搶先讓你知道，一個事態已經來臨了不算數，在要來未來之間，挖空心思，動員人馬，讓你提早滿足「知」的慾望。就是黃色的，也在這上下工夫。

自然，這些都要人才和經費，對此他們不吝於開支，因為沒內容的老生常談，會使雜誌走向關門的命運。

隨著經濟成長而發展

日本的週刊雜誌，也是隨著經濟成長過程發展起來的，在一九四〇至五〇年代，各週刊是屬於報社的天下，當時是隨著報紙派送到家的，待至一九六〇年代各出版社方面的週刊問世以後，才起了競爭上的變化，因為報社的週刊，不過是出版部門的一section，編者幾乎都是新聞記者，經過幾年又回到原崗位的，也不乏其人。現在的《週刊朝日》總編輯川口信行、《Sunday每日》總編輯今吉賢一郎、《週刊讀賣》總編輯三橋淳之，都是新聞記者出身。這些人，因報社早有「新聞綱領」限制，在版面的處理上不能溢出範圍，受有無形拘束，也就是對社會新聞的報導，不能逾越倫理上應有的格調。

還有，日本的新聞紙，也唯恐得罪會員較多的社會團體。譬如創價學會的內幕，在《週刊新潮》、《週刊文春》上，可以連篇累牘的報導，但《朝日新聞》系的《週刊朝日》，相反的是直接採訪了當事人池田大作，自然是代作解釋了。屬於《每日新聞》的《Sunday每日》，還特別連載了創價學會青年部長的論文，並把簽名式照片都亮了相。這些做法，原因很簡單，因恐這個龐大勢力集團，拒看他們的報紙。

在日本六十二種週刊，筆者不能一一列舉，但是在幾種專門性週刊中，《東洋經濟》和*DIAMOND*不能不談。

《東洋經濟》創刊於明治二十八年，不僅是早期傳下來的而已，曾任大藏大臣、總理大臣的石橋湛山，就曾擔任過第五代的總編輯。他在昭和四年（一九二九）為金解禁問題，與高橋龜吉，都站在自由主義經濟立場，與當時的反對派展開過激烈論戰，所以這個已有百年歷史的刊物，時到現在，仍維持著這個傳統。

這本雜誌在主張自由主義經濟的同時，也主張產業主義。所謂產業主義，是指站在產業的型態上，來看國民經濟之謂，不是替產業界說話，相反的是鼓吹產業界放開眼光做好事，所以對公害問題，從不放過。《東洋經濟》週刊的作者，多為知名度很高的專家或教授，可以說篇篇可讀，大體都是善用統計圖表，深入淺出的論文，但絕少有用方程式來誇張知能指數的，更無閉門造車，所論是落在時空之後的。此外還予人以樸實之感，印刷是以普通報紙，但極清新，畫頁絕不是不著邊際的用來點綴而已，每一張都與內文強調之點一致，而又不是隨處可見的那些。特別值得一提的是，每年都有幾個增刊的專輯，這些專輯，對研究國際經濟的，助益非淺，因為都是權衡世界性的重大問題把它攤現出來，作一系列的分析。

此外的《鑽石週刊》(Diamond)，每週一期的型態，是數十年來未變，可是編輯方針卻不是一貫的。它在一九七〇年以前，是專注於股票市場方面，在這以後才走向經濟情報的路線，特別是關於公司論評，產業記事，較其他雜誌充實，也就是在個體經濟(microeconomy)方面，掌握到一些關要。這本雜誌，自一九七〇年起改為橫排印刷，歐化的風格較為濃重，其中每期有個The World欄，諸如原油降低價格的趨勢等，都作了先期的報導。

目前他在進行的，是日本公司因業種變更，譬如「日本化學藥物會社」以前是製造火藥的，而現在已開始醫用藥品的生產，對這類轉移陣地的原因和現況，作全國性的調查，以觀察日本企業適應環境和結構變化的速度與能力。除了在雜誌內容上不斷的思索以進，他想在本年十月起，把紙質提高，畫頁印刷也要offset printing化，廣告也全部改用彩色的，使內容與外型更臻美觀。

在日本有所謂「割付」補習學校或訓練班，此外在「短大」（相當三專）有編輯科之設，是造就在編者指揮之下，專做計算版面字數，與圖表調整，插繪安排工作的，多為女性。所以稿件集齊以後，每個字的位置不等排版，早在特備的方格紙上確定了，不再上下推移。在這過程，最堪注意的，是細微末節，最不馬虎，無論空白點的處理或圖、文之間的比例，講究可觀。在標題上，「尤富變化多姿，很少用黑圍套上了事的。在字體方面，每個出版社都有幾名美工設計者，這情形自然是國內亦不例外，但這裡所指的，是標題的字體設計，猶如製造鉛字銅模的初段工作，是按照編者現場所需提供，小大由之，不是成品，但超過成品，它是lettering之屬，並有成套工具，在日本有不少這樣的專門學校和函授學校，我們的鉛字模必須從日本輸入的原因在此。這是就雜誌製作的技術來說的。

雜誌在日本，也像其他產品在日本一樣，是不斷的研究，推陳出新。一國文化的高低，是看該國的研究文獻，在國際間被引用的頻度，這些，美國科學協會，早就作過調查了，因非本文範圍，就此結束這篇雜蕪的報導。

日本的漫畫和NUDE寫真

日本漫畫，在出版業裏一枝獨秀。在書店裏，在車站的垃圾箱裏，到處都是。

據日本出版科學研究所的報告，去年日本刊行的書籍和雜誌，共有六十億冊，其中光是連環漫畫就達二十一億冊，占總出版量的百分之三十五。這些看完就丟的漫畫，不下百種，最受歡迎的《少年JUMP》，去年賣了九百五十萬冊，這種現象，世界少見。

就一般大眾的週刊來說，很成功的《文春》、《新潮》和《POST》，每期也不過六十萬冊左右，能達百萬冊以上的，只有漫畫之類。單行本也是如此——竟有一種達六千萬部紀錄的，真是不可思議。

日本漫畫風潮，起於一九六〇年代，到七十年代就出現於電視螢幕上了，孩子們一放學就搶著看這個節目，以致長期下來，有損及視力的，對青少年健康造成很大影響。

現在，對政治、經濟，也有用漫畫來寫意的，所以讀者層，已由小學生波及到四十歲以上的中年了；還有五十歲的人也樂此不疲。我常在東京的電車上看到：手捧一冊漫畫，搖晃入神的那種情態，也有咧著大嘴面對漫畫癡笑的讀者，是那樣的著迷、有癮和樂在其中。

日本漫畫，有格調較高的，但絕大多數內容不雅。也許正因這樣，使許多公司職員利用午休時間擠到書店的漫畫攤位去看漫畫，這種漫畫的有吸引力、有市場，對日本人來說，應該是和他們的性格有關。

不過，對於漫畫怎樣評價？可能因人而異。對於那些漫畫雜誌的泛濫，已有評論家說是一種病態——成年人看它，是無聊；青少年看它，影響功課。也有說漫畫會使頭腦變得癡呆妄想的。

但是，日本報紙上的政治漫畫，可以和歐美國家媲美，有些作品絕佳，幾筆下來，勝過長篇大論，令人折服。我喜歡這類漫畫，並有過剪貼。

政治漫畫，大多是諷刺政治家的。在政治家之中，又是以總理大臣或是有相當實力的人物為對象，這是當然的。

按理來說，政治家本身，該討厭這種漫畫；可是事有例外。在日本國會議員第一會館的六樓某室，一進門，牆上貼著一排政治漫畫，非常別致，而這議員的辦公室，又是國會分給現在炙手可熱人物小澤一郎的。這就奇怪了，他怎麼喜歡這個調調？原來政治漫畫，可以給人很深警惕——對一個問題的現在或將來，有啟發作用。但是政治漫畫，無論是「諷世」的或「犯上」的，都要一種勇氣和兩種才能。勇氣和熱情不必多說；兩種才能是：一要思想成熟和對問題的認識精到；二要對插畫的表現手法有相當工夫。它比寫文章的難度可大得多了。

從這些地方來看，日本的漫畫，有其可取的地方——政治漫畫，足以反映政治文化，無論是嘲弄或規諫。

現在，日本各新聞的政治漫畫，隨著政治舞臺的變化，也變了。以前是以自民黨的指導者為描繪的對象；現在常以聯合各黨的首腦面孔當題材。從這些不同的構圖上，也可看出風水輪流轉的種種。

現在日本各重要新聞，對政府首腦，在漫畫上是怎麼處理的呢？說來饒有趣味。就以《朝日》和《讀賣》兩家新聞來看，從鈴本幸善到現在為止的六任總理大臣，在他們上任兩個月內的漫畫出現頻度，分別是鈴木十九次，中曾根三十三次，竹下登四十八次，海部俊樹五十一次，宮澤喜一六十次，細川護熙六十一次。這是兩報合計的數字。其中《朝日》和《讀賣》在量和內容上，幾乎是平分秋色，差別無多，由此可以看出日本政治漫畫表現的共同性。

在這共同的認識裏，以細川為題材的漫畫，較歷屆總理大臣為多，這表示他的一言一行之受到重視，雖然這些漫畫並不是捧場的，能一兩天就出現一次，非相當的人物和人望，是不可能的。

日本也有專門研究漫畫的學者，他們把各國漫畫集成冊子發行，大有銷路，當然，每個國家的漫畫，都各有自己風格，也有中共的漫畫作家得了「讀賣大賞」的，在各國漫畫的展覽會中。

現在日本經濟不景氣，出版業除了在漫畫上打主意以外，就是在「脫」上下工夫——大量搞裸體寫真集。

關於這類出版，以前警察當局進行過各種限制，超越範圍的禁止發行，大致都是止於最後防線的那一處，不能見人。現在放寬了，由宮澤理惠、樋口南子、本木雅弘到荻野目慶子，這些大牌明星，無不脫個精光。現在，說島田陽子的NUDE也快出現了。她的「被寫體」代價是五千萬日圓，條件已經談攏，這種照片要拍三十天才能完成，銷路好的可賣幾百萬冊，收入是以億為單位來計算的呢！

出版這類裸體集的不乏大出版商，赫赫有名的「講談社」，已以小泉今日子為目標，再下來是中森明菜、松田聖子、牧瀨里穗……一網打盡的，使最著名的紅星，都潔身入畫的展現給大眾，這些，不過是為了錢。

日本的漫畫與脫的「影集」太多了，這些還是他們文化的一部分，因為以前男女混浴在一起也不在乎，更不說早期「浮世繪」的作品，都已成國寶了。

日本的學會與協會

日本的學會、協會，共有一、〇〇三所。這些單位都是在日本最高學術機構——「日本學術會議」登記有案，並從事學術開展研究的非營利性的團體。這些團體的成員，必須都是研究者，最少每年要有一次研究著述發表以及研究會的定期召開才能算數，原則上還要有代表各該團體的「機關紙」、報告書等定期學術刊物，才克當之。所以這些學會或協會，並不是徒具虛名的。

日本的「學術會議」，是日本科學者對內對外代表性機關，猶如我國的中央研究院。它負責日本有關科學事項的審議和實踐，並與其他研究單位有密切的聯繫，以促進研究效果的向上。因此，日本學術會議，對全國研究機構的研究活動，不但作了全面的溝通把握，也作了支援與協助。換言之，日本的學術研究，並不是獨善其身的各自為政，而是有系統的彼此配合進行。

這一千餘所學會、協會，分別屬於「人文科學」(Cultural Sciences)、「法律學、政治學」(Law and Political Sciences)、「自然科學」(Natural Sciences)、「工學」(Engineering)、「農學」(Agricultural Sciences)、「醫學」(Medical Sciences)等六大部門；此外還有大學關係各種學會。以北海道大學為例，它有哲學會、史學會、國文學會、地域景觀研究會、行動科學研究會、認知科學研究會、東洋史談話會、法學會、經濟學會、齒學會、交通研究會、腐蝕研究會以及有名的札幌農林學會、農經學會等；至於東大，更有法學協會、綜合研究會、中國哲學文學會等，達十七單位之多。

在前述之大部門之中，可細分為六十三類，例如「工學」，即包括了：應用物理學、機械工學、電氣電子工學、造船學、土木工學、建築學、能源資源工學、金屬工學、應用化學、材料科學、環境科學，以及其他方面，較特殊的「日本人間工學會」等。這六十三類，並不是每類只有一個學會組織而已，它是隨著科學的發展，更細分化了。茲以「應用物理學」(Applied Physics)而言，在這方面除「應用物理學會」之外，尚有「日本航空宇宙學會」、「日本航海學會」、「高溫學會」、「低溫土學協會」、「日本冷凍協會」、「凍結及乾燥研究會」、「日本高壓力技術協會」、「日本油空壓協會」、「日本真空協會」、「日本光彈性學會」、「雷射學會」、「音響學會」、「流體力學懇談會」、「彩色學會」、「Japan Radioisotore Association」、

「紫外線技術研究會」等。在日本，可以說已告細分化了的任一科學領域，都有其研究學會或協會的組織，由這組織把人才結集起來，自然的，譬如研究太空科學的，不可能他不是航空宇宙學會的成員，換言之，非類聚到一起，無法談到研究的成就，何況這些學會都有自己的高水準刊物以及來自世界各地的資料，可供發揮和利用？因此這些學會，構成各該部門的研究「網」，人才都一網打盡了，沒有任何浪費或投閒擲散的可能。茲將日本學會、協會類別，統計如下頁。

從以上學、協會和大學關係學會來看，臨床醫學方面的此等組織最多。就中，除我們國內常見和已有的外，他們有「手的外科研究會」、「足的外科研究會」、「頭部腫瘍學會」、「脈波學會」、「人工臟器學會」、「超音波醫學會」等，當然「癌治療學會」更為重要，而且這方面的組織有三個會。僅是手的外科就發行有兩種刊物：①為《手的外科研究會》②為*Proceedings of the Annual Meeting*。其次的外科則有「足的外科研究會誌」（年刊）。頭腫瘍學會則有*The Journal of Japan Society of Head and Neck Tumor*雜誌的發行。脈波方面的雜誌是*Sphygmology–The Journal of Japanese Society of Sphygmology*。人工臟器的以*Artificial*為代表。關於癌症的雜誌，共有*The Journal of Japan Society for Cancer Theory*等五種。因篇幅關係，不便多舉；但是關於經濟學部門的，有稍加介紹的必要。

部門	分類	數
文學、哲學、史學部門	語學、文學一般	3
	國語、國文學	30
	中國語、中國文學	3
	英語、英美文學	15
	其他外語、外國文學	10
	言語學	4
	哲學、理則學	9
	宗教學	21
	藝術諸學	8
	教育學	34
	心理學	17
	社會學	16
	文化人類學	7
	歷史學	38
	考古學	4
	其他文史哲學	46
法律學	基礎法學	4
	公法學	8
	民事法學	7
政治學部門	社會法學	7
	刑事法學	3
	政治學	5
	其他法律學、政治學	12
農學部門	農學	14
	農藝化學	15
	林學	5
	水產學	4
	農業經濟學	3
	農業工學	8
	畜產學	11
	蠶絲學	1
	其他農學	5
經濟學部門	經濟學	16
	商學、經營學	14
	統計學	5
	其他經濟學	11
理學部門	數學	6
	物理學	9
	化學	10
	太空、地球物理學	20
	固體地球科學	21
	生物科學	61
	其他理學	10
工學部門	應用物理學	17
	機械工學	19
	電氣電子工學	17
	造船學	6
	土木工學	7
	建築學	3
	能源資源工學	9
	金屬工學	14
	應用化學	22
	材料科學	14
	環境科學	11
	其他工學	24
醫學部門	基礎醫學	47
	臨床醫學	128
	社會醫學	31
	齒學	19
	藥學	7
	其他醫學	30
	病院管理學	8
大學關係學會	239 公私立大學的人文科學與自然科學學會	1,156

屬於這方面的，包括商學、經營、統計與其他，共達四十六個學會，其中較重要的，是經濟理論學會（出有《學會年報》）、社會政策學會（出有《社會政策學會年報》）、日本經濟政策學會（同《經濟政策年報》）、理論、計量經濟學會（同，季刊《理論經濟學》）、國際經濟學會（同，《國際經濟》）、經濟學史學會（同，《經濟學史學會年報》）、日本經營學會（同，《經濟學論集》）、日本經營診斷學會（同，《日本經營診斷通報》等兩種）、日本品質管理學會（出有 Journal of Japanese Society for Quality Control 季刊）、日本行動計量學會（Behaniormetrie Society of Japan，出有《行動計量學》半年刊）、組織學會（出有《組織科學》雜誌）。此外還有廣告學會、交通學會等。

這些單位都有研究刊物不用說，也經常向海外活動，諸如國際會議的召開與世界性同道的聯繫等，做得有聲有色。

日本的學會和協會，雖有一、〇〇三單位之多，但這並非日本的學界全體，因為除此之外，還有二、三〇〇個研究機關，包括民間企業和發展部門在內，但學會在頭腦集團的比重，從出版物的素質與數量就可以看得出來。

單就科學技術集誌來說，自然科學關係，由大學出版的是二七九種、大學研究院所出版的是一〇九種、官公廳出版的二十種、其他研究所出版的二十六種、其他團體出版的一六四種、民間企業出版的二種、新聞關係單位五十八種、個人一種，而學會、研究會出版的則達二三五種。在前舉自然科學以外屬於工學的出版物，依前表所列順序分別是三一五、一〇八、五二二、四四〇、一四六、七十五、六八九、二七二、五十三、五二八種，屬於學會、研究會的則是三九四種。再加醫學、農學關係，以整個科學技術雜誌來計，在八、〇九一種之中學會方面等為一、〇四四種，佔8.9%，僅次國立研究機關的一、九一八種，官公廳的一、六五三種，與其他團體包括出版社的一、三八八種。

日本各種學會的組織都很健全，因為規定必須有從事研究的會員二百名以上，又必須有秘書處（事務局）之設，以及研究報告的出版等為條件，因此，不難表現出成績來。

由日本的學會和研究會，也連想到我們國家的許多做法，諸如向國外「攬才」，都顯然是積極的態度。但是就一個外行人來看，「攬才」第一要給回國的人以適當安排，包括職位的適當、待遇的適當、研究環境的適當等。這些問題的克服，畢竟說來容易，做來難。當然的，歸國的學人應有同甘共苦愛國的熱忱，不該計較於此。問題不在他是否計較，在於他的生存希望，也就是最低，他必須有個遠景和希望在身，只此一點，也不是簡單能夠兌現。第二，是研究需要有關的設備和資料，離開設備和資料，等於放下武器上戰場，因此毫不考慮這些寄望回國學人，大展所長，也有困難。

但凡事不能悲觀，由日本各種學會所發揮的功能來看。我們該把我國已有的學會健全起來，沒有的組織起來。在每一科學領域，從國內或國外請出一位或數位，來領導各自專業的學會。

各個學會的成員，把國內外的專家分別納入，然後每一學會辦一份學術刊物，由這些學者專家共同耕耘，建立起權威性，這在經費上乃至對學人的安排和酬應，都較好辦了，每年召開一次年會，每年都有論文提出來，這就有益國家建設了，反之，有再多的學人歸國，幾年見不到一篇論文，發展又該從何談起？工業升級，是從研究論文升起的，不此之圖，也就隨日而遠了。

日本學者對日本語文的評價

日本語，畫蛇添足，轉彎抹角地方太多，在我們來看，好文章，結構嚴謹，無懈可擊的，十無其一。所以，以日文為底本從事譯述，那是要命的事。因為稍一不慎就掉入原文的「蛇足」之中了。歸終，這是他們的文化。為什麼他們有這樣文化？說來話長，在江戶時代以前，日本是身分制社會，上下尊卑，界限劃得嚴格，平等的表達意志是不可能的，不是你聽我的，就是我聽你的，時到現在，這種規矩，也未改變多少。

就是一個「你」字，日本有ANATA、OTAKU、OMAE、KIMI、KISAMA等不同說法，該用哪個字眼，要看你的權勢和地位，普通都把分寸找得很準。你跟日本人說話時，對方時常SODESUKA、SODESUKA的，那大半是既不肯定，也未表示異議的搪塞話。下面是日本學習院大學教授木下氏對有關日人在寫作習慣上所發生的一些問題，道來頗獲我心，因特譯出，提供朋友們參考。

※ ※ ※

一、教育方式與功能

現在日本，用本國語文來讀世界名著，較任何國家為多，透過這些譯本與大量輸入的圖書雜誌等原著，在資料的充實上，可以說相當完備，在這過程，以講義為中心的讀解教育——外來型教育，無疑地是發揮了最大效率。就是這樣孜孜不息的，日本在百餘年之間，在工業水準上，在經濟力上，列為世界前茅了。從這裡來看，是外來型教育的大成功！

雖然徹底是外來型教育，但是日本的各級學校，並未使用外國語教學，這是值得大書特書的。「教育全由日本傳統文化育成的日本語進行」，這是明治時代所持的信念，不僅在初、中等教育方面，全部使用日語，就是在高等教育的大學，除了早期外國人教師所必要的科目以外，所有授業，也都是使用日語的。時至今日，在數學、自然科學等所有分野，都用本國語言教學，這是學習西洋文化國家中少有的。

「教育，都用日本語」，這個方針的貫徹，必須講求方法，亦即在日語裡，一如使用「漢語」那樣，把抽象概念，用一句話表現出來，因此不能不有抽象語譯法的統一案的提出——

這是極其重要的一環。日本外來型教育的成功，就是以此「和魂洋才」為象徵的先覺氣概，在造語力（其背景在於日本既有傳統文化）上，發揮了極大功能。

日本式外來型教育，雖然收到史無前例的成果，可是無論怎樣，當與世界第一線為伍時，其缺點就立刻表面化了。日本的工業，不像若干年前，輸入技術，然後把製品輸出；現在是進入技術輸出時代了。為了技術輸出，無論口頭上的或者文字上的，都得用國際通用的修辭學(rhetoric)❶為準則，把構思和特長，詳細加以說明；但是，接受了外來型教育的日本人，在這方面，並不得心應手。日本輸出的電腦「硬體(hardware)優越(excellent)，軟體(software)好(good)，偏偏在說明書的表現上可笑。」這類風評常有，因為事實也是如此。

在外交面上所遇問題，也是一樣。像從前對他國意見，只是表示贊同或反對，那樣不行。要積極的把本國設想的表明，並作出主張才可。在這場合，既需要以國際通用的修辭學來發言，並加上Yes or No！把瞬時決定的自己意見，有頭緒的進行討論，要有這種修練功夫。還有，這種能力的發揮基礎，要養成在公開場合，不出臆測性發言的習性，亦即言語有根據才可。這些，對於以外來型教育為中心的日本人而言，最感苦惱，因此，向自主型教育轉變，

❶ 註：rhetoric（修辭學）一語，其含意與以前不同。現在，它是指「由言語，把情報或意見，作明快有效表現和傳達的方法之謂。

是他們當務之急。

二、英語之中的日本調

前面談到日本的說明書，在海外不認為高明，當然，這些說明書都是用英語寫的。只是英語的表現，不夠恰當，這可能是評價不高的原因之一。但是在本質上來說，乃是在英文的背後，有日本語文章為底本的問題在作祟。例如，把用日本語所寫的原文，給懂日本語的外國人來看，也得不到好的評價，這道理是一樣的。我確信情況是如此，因為我的物理論文，雖是專門的，也有類似情形。

現在，在物理學世界，大多學者，都用英語來寫論文（法國和德國學者也不例外）。日本人所寫的物理、應用物理的研究論文，有九〇%以上是用英語。更不說物理有關國際會議，原則上都是用英語了。這是因為，像物理學進展的速度，翻譯幾乎是來不及的，因此只好用同一語言來交換情報。在其他方面，也是只有程度之差，並且所用英語，至少是正統的英語。美國式英語是把broken English除外，都當成本國語言使用了。

在日本，可以發表物理研究論文的月刊學術雜誌有三種歐文的（實質都是英文），此外，至少每月也有數十篇日人用英文寫的物理論文，發表在國內或國際的學術雜誌上。這些論文，各按研究主題，供給專門學者審閱(referee)。審閱不止是對內容的評價，也有：「希望把英文改一下」的要求。

我長年以來，曾數次擔任物理雜誌的論文審閱。經驗的累積，使我知道日本人用英文所寫的論文，改起來，大費手腳。英文表現奇怪之處，不勝枚舉。總之是用自以為是的筆調羅列的理論，其中，有的表現曖昧，有的是對相同事物的記述，散亂難以成章，一著手，就是改不完的改。結局，這是因為在英文的背後，有日文底稿存在，所受到的影響。我是時常閱讀國際性雜誌的，在這方面經驗到的是，其他非英語圈人士所寫論文，雖然也不高明，但是殊少有像日本人所犯的這種毛病。

現在，所談「英語之中的日本調」（英文背後有日本語的文章），它是包括說明文(expository writing)，亦即把事實加以記述——手續的說明——或理論的考察等的敘述。這類事情，有人認為既不能用日本語作明晰的說明，也不能用科學技術用語取代，因為日本語是有著曖昧與不正確的成份，科學用語也不盡適當。

儘管如此，就作為資訊媒體來說，日本語是很出色的言語。不但把事實明確的傳達給第三者，絕對可能；就高度理論作明確分析，也是辦得到的。另方面，為應合新概念的導入，隨著把語彙擴充了的造語力，也是驚人的。凡此，從數學、自然科學、技術分野，用日語所寫的優越的著作來看，便可明白日本語的功能不差。

但是，在這分野的若干著作或論文，其日本語的表現曖昧、不正確，未免晦澀，這是事實。其原因，一般的來說，包括科學家、技術者，對日本語的使用方法，不夠純熟。日本人，一如下面將會提到的，凡事不直截了當的說出來，用繞圈子的手法，希望對方默察所說為何，有這種陋習。不是有理說理，或者以理服人，而是情緒的，含蓄的，讓對方點頭。這種說話的毛病——言語習慣——日本人是儘可能在多種多樣的日語表現中，無意中找糊塗的而又柔和的話來交談。由於這個習性，在著書或寫論文時，不正確的筆調就出來了。

一如前述，及日本應向自主型教育轉變。自主型教育的目標之一，是以國際的修辭學來發言，還有是對述事書寫能力的養成。把「說明文」明白地寫出來，也要這種能力的存在。同時，日本的科學家、技術者，對說明文的書寫方法，也有從根學起的必要。簡單來說，「說明文」怎樣著手才對，要之，是把日本人從傳統習慣言語中解脫出來，改用單刀直入，最明快的筆法，來寫日文。在這方面，多加練習，就會積有成就。能用日文寫出流暢的說明文，那麼英文的說明書，就不會貽笑大方了。

三、日本人的言語習慣

日本的科學家、技術者，在不知不覺中，寫下曖昧而又欠正確的文章，是因為日本的言語習慣所致。我，這裡所指的「日本言語習慣」，是甚麼呢？首先看看下面兩則題外之言，這是來自我的體驗。

◇

戰後沒有幾年，我和歐美研究者直接打過交道，有一天我帶著他們各處走走之後，我說：

「疲倦嗎？」

這樣一問：

「是的，累得很厲害。」立刻感到，這是何等率直的答話。

「肚子也餓了吧？」再這樣問起時：

「是的，已經飢腸轆轆了。」如此天真爛漫的說了出來。

如果是日本人，對非常熟悉的朋友另當別論，剛見面的，答說「累了」，這對辛苦帶路的人是不禮貌的。他一定說：

「不，沒什麼。」或者：

「略微有點。」總是這樣的客套吧！其次，就是肚子餓了，也怕說出給對方為難，不得不假心假意的：

「不，我晚飯都是很晚才吃！」我現在，遇到這種場面，對歐美人：

「是的，已經飢腸轆轆了。」這樣話，還是很難啟口。只能：

「不，稍有一點。」這樣來答。

從東京到歐洲某處的翌晨，會議開始之前，有人問：

「你昨天才來到這裡？累壞了吧！」

「不，並不那樣。」

一邊答話，一邊把眼睛睜得大大的。那天開完了會，還是一直重複這樣的問答。

「他是超人(SUPERMAN)！」

被人這樣稱呼是必定的了。我有這種體驗。

◇

下面，是在日本常遇到的會議情景。

參加校長會議，帶著議決案返校的校長，在教員會議上，被問到校長是否贊成了這個決議時，他說：

「呀！我並不怎麼贊成，可是……。」

「那麼你反對這事情了嗎？」

「呀！我想反對的程度不到，可是……。」

「結果，你並未作反對的發言？」

「沒有其他特別反對的。」

「是以默不作聲的態度，承認了此案呢！」

「啊！可以這麼說吧！」

教員會議出席者二十名，表示贊成者三名；發言反對者七名，未吭氣者十名。最後校長說：

「大致我知道各位的意思了，下次校長會議時，再作適當的轉告。」說完散會了。

校長在校長聯合會議上，說「本校贊成」呢（未發言者十名，把他看成贊成則贊成者居多），還是說「反對」呢（因發言反對者比贊成者多）？

我之把這些稱為言語習慣，是指「對事情的說法」，如果詳細道來，這種表現法，是因國家，因種族而不同。這是「言語表現pattern」的問題。由以上兩段插曲，又根據其他見聞，可以把日本人的言語習慣特性，列舉如後。

A　日本的應對，幾乎是像站在對方的立場一樣——以不損害對方的氣氛，凡事說來與對方同調——總是有著這些顧慮。相反的在歐美國家就不管這些了，要怎麼說就率直的說出來。（例如，是呀！累死了。）

B　因此日本人喜歡委婉的間接表現（不，我晚飯是很晚才吃）。歐美人喜歡直接明快的表現。

C　日本人是轉彎抹角不肯把事情明確說出來。對此，歐美人說：「日本人的發言，像水墨畫似的」。「水墨畫，在空白之處，有幽深情趣，不善此道者，不明究竟。同樣的，和日本人說話時，常有『不出聲的部份』，你怎樣來理解個中妙處，判斷不出來，那就麻煩了……」

不肯把事情明確說出來的這個國家，自然是沒有明確述事，明確寫作的那種訓練。結果，日本人，理路整然的陳述意見，常是不可能的。

D　由於前述關聯問題的存在，在日本人之間，沒有討論(debate)的餘地。按理來說，討論，原來是傾聽對方的意見，應該質問的提出質問，意見不同時，提出自己看法來加以反駁。對方聽到這反駁之後，再有相異之點，加以分析，進行說服——是按這個過程，反覆地使它接近結論。

但是日本人，大體來說，是「一度合戰」，三言兩語就完了。不管什麼理由，總有遷就單方主張的。或者雙方都把對手當成「不可理喻的，談不攏」，就把說服的努力放棄了。

在這言語習慣中培養起來的日本科學家、技術者，所寫的論文或說明書，「明快」是根本談不上的，這是自然之理。前面曾提到，這些人的當務之急，是把說明文章的寫法(expository writing)加以訓練，但是在歐美教科書裡所具備的基本要素，在日本學校的教育當中，尚在闕如。

四、關於言語技術教育

在歐美國家，對說明文的寫法，是進行有系統的教育。日本在這方面的教育，是脫節著的——對這事態，我在十年前才注意到，感到十分愕然。由言語習慣而來的，在這最需要教育的國家，反而沒有這種課程，這真是最大的諷刺。但深思一下，便可明白，這種課程的欠缺，正是受到言語習慣的影響之結果。

經調查美國的實際情況，他們對說明文章的寫法訓練，列入了「言語技術」(language arts或communication skill)教育之內，成為重要的一部份了。言語技術教育，不限文章寫法而已，還包括用言語，把事實正確的傳達，並對有條理的思考和敘述施教，使有心得。這是由幼稚園到大學，受到了一貫的重視。譬如在啟蒙的幼稚園裡的「show and tell」訓練中，讓兒童就喜歡的事物，在同伴或在老師面前，作數分鐘的說明，這是訓練方法之一。

當我弄清了這個情況之後，才決心提倡自主型教育中最關緊要的言語技術教育。在我服務的學習院大學（由幼稚園到大學為止的學校法人），與有志教員同仁，開始了這方面教科書的編纂。因為是在勤務時間外進行的，所以進度遲緩。已到第十個年頭的現在，小學三・四年級用的「言語書I——容易明白的說話方法，寫的方法」及小學五・六年級用「同II」、中學用「言語——言語技術I」等，先後問世了。至於高等學校用的「言語——言語技術II」，正在編纂中。

這種教育，幾乎是非從兒童時代開始不可，這是不用說的，但是我已替青年科學家、技術者完成了《理科系的作文技術》一書（中公新書），並在五年前就出版了。

言語技術教育的受到世人關心，在一年以前，急速普及起來了。由於這種教育的受到重視，日本人的科學家、技術者，在寫論文或說明書之際，或可面目一新？

※　※　※

我把學習院大學教授木下氏的原稿翻譯至此，告一段落了，對它有興趣，是因為這位教授說的很中肯。因我十多年來對日文的語法構成和表現，早就不耐煩了——累人。記得在戰後不久，文學工作者志賀直哉，在《改造》雜誌，以「國語運動」為題，發表了他的看法。他說：「日本發動了傻瓜式戰爭，遭到了未曾有的殘酷事實，各種問題像怒濤般湧至，時至現在，應把日本語取消，另以法語來代替。」當然，任何民族，再不好的語言，把它消滅也是困難的。

菲律賓自十六世紀起，就受過西班牙的統治，十九世紀末又有美國君臨其境，但是菲律賓的國民雖在殖民地之下生活了四百年，但獨立之後，本國語言仍能琅琅上口，這是說日本人把日本語自我消滅的可能性，是不可能的，雖然日本高級知識份子，如志賀直哉者嫌惡日語。那麼日本語到底是怎麼個不好法？除了前譯木下氏所列舉的以外，詩人萩原朔太郎認為：第一，把日語和外國語加以比較時（特別是西歐語言），是日語沒有論理性，在意思表達上欠缺正確性。第二，沒有韻律性，在聽覺上感到平板單調。此外，日本在侵略時代，向國外搞「文化進出」的專家下村宏，也說過洩氣的話：「日語隨著國勢擴張，發展於海外，乃當然之事，但日語應求簡明正確才好，現在痛感雜亂之至，表現的極不規則。」（見《國語文化講座第六卷》）。

由於言語的混亂，也影響學校教育。在歐洲，兒童入學接受國語教育的年限，義大利是二年，德國是三年，最長的英國是五年。日本呢，通過小學六年、中學三年，還不能看懂報紙；高中畢業，也寫不出假名和漢字並用的文章，大學畢業寫不好一封信的，占相當多數，雖然日語也在進行簡化運動。

關於這些問題，在金田一春所著《日本語》一書有過檢討，說日本語之難，難在其中既有韓國語、琉球語、蝦夷語，也有中國語，因為自古以來，基本上日本不是單一民族。但是最大的諷刺，戰時美國把日本這樣複雜語言的情報，包括密碼，給解讀了，這是日本海軍吃了敗仗的主因。

氾濫成災的日本外來語

日文中的外來語到底有多少？我想沒有一個人能說出確實數目來。在角川書店出版的《外來語辭典》的前言中說：「本字典從法典、法令、教科書、通俗專門書、教養用書、文藝書籍、報紙、雜誌、百科全書中搜羅了二萬五千語。」這是指在正式行文中出現的；其實，它早已氾濫無邊了。車票叫ticket，可以；把服務用service掛在嘴上，也可以。但是在解說文中，不用純正日文，也不用純正外文，是把外語音譯下來，是以日本式的注音符號「假名」出之，把它套進一句話裡。像這類的外來語，也在兩萬言以上被使用著，其中不止是語源出自英文；法文、德文、意大利文，也照樣以此習慣引了進來，當然漢文也夾在裡面，所以日本的語言已經雜種化了。

法國人對母國語的重視，早為世人所知。但是自第二次世界大戰以後，在法文中也滲入了許多英語，以致造成了社會問題。例如weekend hotdog之類，都在日常生活之中，脫口而出。對於這種外來語氾濫現象，曾在一九七七年有禁止法律的頒行，因為像Franglais（由法語Francais和英語Anglais合製而成）這樣的話，已經令人難懂，這是明顯的受到了外來語的侵略。所以有識之士，及早提出了警告。類似這樣情形，在日本亦很顯著；但是人們說外來語，是隨著世界文化俱進的，將來，沒有一個國家不用外來語，這個事實，是隨著精神文明、物質文明帶來的結果，與其迴避，不如及早迎接。

外來語是甚麼？首先想對外來語下一定義。所謂外來語，在日本代表性辭典《廣辭苑》裡說：「外來語是把外國語當本國語言使用之謂，亦即傳來語。」外來語並不是本國語，《廣辭苑》的說明，也不夠充分。就日本的情形而言，許多言語是從中國傳來的，並對日語的形成有莫大影響，所受感化亦深。如果把這也當成外來語，顯然是不妥當的。因此，日本的外來語，是指自一五四三年葡萄牙船漂到種子島以後，傳入日本的歐美語言，直到現在普遍被使用的，這些都可稱之為外來語。

另在日本的《國語大辭典》（小學館）上，對外來語的說明，較為貼切，茲引用如下。

「在國語裡加入外來語，在語意上並不發生太大差別的言語。日本語，廣泛地包含了漢語，這些漢語不算外來語。日本的外來語，主要是指自室町時代以後，由歐美傳來的諸外國語。其中，包括不少近代、現代的中國語。還有，引進來的外國語，不照原樣使用，都把它變成和製的。此外是把梵語(Sanskrit)加以音譯，用漢字書寫表達出來。」

日本對外來語，大致都用片假名來表示。每當一個常用的外國語傳到日本，沒有適當日本語句可以代替時，處理的方法是按照發音，找出它的「表記」，這樣一來，用假名，較用漢字方便。以平假名權作外來語，固然是因為沒有適當的日語可資代替，主要是在使用這語言以前，還沒相關的事物出現，也就是言語所指的事物，以前不存在於日本，所以「造語」是不得已的事。

例如castella這句話，是葡萄牙人到達種子島後，傳入的一種「南蠻菓子」，當時無以名之，據《原城記事》的記載，把它名為「角寺鐵異老」，並介紹了製造方法。「角寺鐵異老」者，無他，乃castella的漢字音譯。這就說明了，在那以前，南蠻菓子，是日本不曾見過的東西。

就是這樣，日本有了無數的外來語進入，並定著化了，其過程也是形形色色。在早期對外國語知識還不具備，那時代，只憑聽覺接受，所以語意的真切性，並不是很妥當的。

例如「O-rai」，原語是all right，結果它變成外來語時，把all中的"l"和right中的"t"給省略了。「發車，O-rai！」類此都變成日常用語了。這種外來語，諸如在運動會拔河比賽時所喊的「噢伊斯，噢伊斯！」就是由法語中的Oh hisse!轉借而來。

有種棉布（製運動服用）叫Denim，它是起源於法語的Cotton de Nimes，依照英語的發音法來發音了。因為這種棉織品最早是生產在法國。此外把中國絲綢稱為Dr Chine，也是由法語Soie de Chine而來。由這裡可知，這些外來語的登場，意味著，在某一時期，日本曾從法國輸入過這類貨物。

日本有句話，把禮拜六的半天工作說為「半頓」(Han Don)，這是把漢字的半，加上荷蘭語的Zon dag合製而成。這樣的合成語，不勝枚舉。例如Escalator是由拉丁語的Escala（梯子）轉化著用的。美國著名的Otis Elevator Company 公司，則是由escalade（爬梯）和elevator（昇降機）二語合為商標的。一九〇〇年巴黎萬國博覽會，這個商標開始風行於世。可是美國特許局認為由一企業獨佔這個名詞，並不妥當，乃令其恢復到普通名詞地位，它也是日本的外來語之一。類似這樣名詞，還有理髮用的Barriquand，它是一八八四年，由日本駐法公使館三等書記官田鉎太郎，在歸國時帶回日本，交給了東京麴町理髮店的鳥海定吉使用。此後並轉賣給了同業前田太吉。這個工具給日本的理髮業注入了新觀念不說，原來這種Barriquand，它的製造公司，與產品同名。其實這個剪髮器的法文是tondeuse。

在日本的外來語中，有指戰後青年散漫行為的apres guerre這樣的話，它是第一次世界大戰後，在社會狀況不安情形下，指參加前衛運動的那些人而言，正好也用在二次大戰後日本青年的身上了，因為兩者的風俗相近。

外來語，是有其社會背景的，甚至牽涉到民權。例如Vacances（休假），是人們當然的權利，是生活中不可少的，所以這話也適用於許多國家了。

許多人對外來語有新奇感，雖然用日本語也足可表達彼此意見，可是偏偏來幾句英語。例如進到飲食店，想要一杯水，便說：Water!也許這是明治維新以後，歐化政策所致。日本人隨便使用外語的很多，可是真正和外國人打起交道來，這種和製的外國語，又不見得靈光了。

任何把外國話混在日語來用的人，都有自視甚高的心態，這在文明開化時代，稱之為high collar，這是諷刺披著西洋高領服裝歸朝者而言，這名詞曾出現在明治時代的「二六新聞」，以致無遠弗屆。所以high collar，有著現代與先端的意思。

外來語的由來，說不盡道不完，其因緣與先民的言語生活，有著深切的關係，它不會突然只有外來語可用的問題發生。在日常生活裡，薰陶漸染的向前進化，它與市民權益有不可分的關係。這就說不完了。早晨，從Bed（床）起來，走到化粧室拿起Soap（肥皂）和刷牙Brush，梳洗完畢，回到Table（餐桌），坐定之後，口嚼Bread和Butter（奶油和麵包），然後再來一杯Coffee，吃飽了觀賞Television News（電視新聞）……這樣日常生活，日本人都用外來語表達了。

像這類外來語的使用，先民曾用漢字「表記」，有著艱辛過程。使外來語日本化，是經年累月的結果。例如Coffee，在日本最古的文獻《紅毛本草》的〈阿蘭陀海上藥品記〉（一七八五年）中，稱為「古鬥比」。又在一八一〇年大槻盤水所著《蘭畹摘芳》中，稱為「歌兮」，也有把這咖啡叫做「迦兮」的。在一八七一年由織田純一郎翻譯的《花柳春話》中，還把咖啡譯為「香湯」呢。日本最早出現的咖啡店，是明治二十一年（一八八八）四月十三日，由鄭永慶在東京開張的（一八五八～九四），名為「可否茶館」，他原來是住在長崎的翻譯。

由咖啡的名稱變化，可知外來語在日本是經過各種歷程定著化的。這也正是日本攝取外來文化努力的表現。一般而言，文化的豐富，是要先從言語豐富開始，日本在這方面，是搞過頭了。因此學者起來，說要加限制，否則再過些年，日本人和日本人之間也難交談了。有位教授在電視上說：學生寫的報告，他看不明白。還有一次，筆者和一位日本朋友走在街上，我問那賣流行品商店的招牌是甚麼意思，他說：「誰知道！」

日本的升學考試和惡補

共同擠窄門

日本把升學考試形容為「受驗戰爭」，其實日本學店式的大學多得很，只要能付得起學費，沒有上不了大學的，這情形由各處招募學生廣告，就可明白，有些學校還不能足額呢！但是好的大學，例如東大、京大這些國立大學的入學考試，競爭激烈。因為這些國立大學，都有歷史背景，在政界、財界人才倍出，特別是「帝大」出身的，在日本社會占有領導性地位，這是人盡皆知的。

正因如此，進入東大就是站在金字塔的最高點了，為了這個志願，晝夜不眠努力用功的學生大有人在。

在日本，進入好的大學，就等於決定了未來的前途，亦即由一流大學畢業，才能進入一流公司，所以這張畢業文憑，猶如「通行證」一般重要。

不止是在日本，在其他國家也是一樣，學歷有著絕對價值，無論在官廳或企業界，它無形中成了晉身的條件。所以，有些青年，在志願好的學校失敗以後，頓感前途黯淡者有之；再接再勵，捲土重來者有之。有許多學生第一次考不上，回頭進行惡補，這些學生，在日本通稱「浪人」，浪一年者稱「一浪」，浪二年者稱「二浪」，也有惡補三年也考不上，浪了十五年而後已的。

在考進好大學十分困難情形下，也有退而求其次的，所以填了七個、八個志願校的，不乏其人。可是一個學校的報名費，由一萬一千圓到三萬日圓不等，對家長來說，不啻是一項沈重的負擔。但為子女前途著想，這種負擔也只有認了。

由著名學府進入一流企業，會獲得生活上的某些保證，薪資、賞金以及雇用保險，乃至休假，都有制度可循，這是年輕人最為憧憬的。從一九八五年日本的一級公務員考試合格者的一、七一八名來看，其中東大、京大畢業的，幾乎占半數以上，當然，考試是公平的，只是不同的學校代表不同的素質，於是，學歷、學閥的觀念隨之興起了。

預備校的風潮

前面說過，一旦志願大學考不取，就成了「浪人」。日本專有收容這些浪人的「預備校」（補習學校）。說來難以置信，進預備校也要考試，這裡名堂很多，班次有高低，進優等班級者，東大合格每年在半數以上。在東京御茶水某S預備校，就是以這個實績聞名遠近的。在東京著名的高級中學之一——浦和高校，畢業生有六成進這補習班，並把它當成「高中四年級」來看待，多讀一年，以培養考取東大的實力，競爭情況由此可知。

日本的升學主義，和臺灣大同小異。為了小孩子進入好的大學，有較好的出路，從小學開始，父母就儘量使子女進入有名的中學或高中，也不管自己子女是否成材以及學費的負擔，早早的開始了惡補。更有甚者，還有為了進入好的幼稚園而先補習的。打這主意的父母，都寄望子女成為律師、醫師等了不起的人物。換言之，達成這目標，非由一流幼稚園、一流小學，一直線的到一流的東大不可。有的母親，把她兩歲七個月的孩子，為了進有名大學附設幼稚園，在入園考試一週前就進行飲食和健康的管理，並準備年間花上三十萬至五十萬日圓的各種費用。因為望子成龍，讓十歲至十一歲的兒童，放學再去補習到八、九點鐘，也不稀奇；還有回家後準備功課到深夜的。一旦進入像「麻布中學」那樣明星學校，大致就有出人頭地的希望了。否則，在小學、中學階段，也有作「浪人」的，考不上等下次再考。這情形，真是一種莫名其妙的價值觀。當然，這價值觀，還要有鈔票作後盾，才能付諸實現。他們寧肯拿出錢來，為子女得到一些保障。通常，在預備校備有宿舍，設備有如豪華旅館，不但費用驚人，還有名額限制，例如住二百多名為止，遲來的沒有位置。談到費用，在牙科預備校的學費，一入學要繳一、三〇〇萬日幣。

商品化的種種

在日本的學店，都生意興隆。也有乘這機會，搞些與升學有關商品來兜售的。例如縫個小包，取名叫「不落第君」帶在身上，以保祐你考上大學；還有纏在頭上的「合格」布條；最近更有「祝禱合格」的錄音帶，也上市了。一個賣一、五八九日圓，裡面有東大校歌等，讓你聽來神魂顛倒。

此外，「漫畫參考書」、「受驗VIDEO」，也受到歡迎。前者有實用價值，後者是把有趣的授課內容以及老師的談話作了錄音，聽聽可以減少睡意，在這方面，五花八門，無孔不入。但是這些旁門左道，有害無益。因為在某一預備校，有個學生帶著特大號縫起來的袋子，看起來已經神經兮兮的了。

去年有個補習班——入江塾，經營了五年突然宣告關門了。經營者入江氏說：「現在的兒童，已經沒有思想主體，讀書也只是記些要領，應付考試。補習班成了傳授教條的場所了。」這話不錯，因為非如此考不上學校，而日本是注重學歷的國家，也是問題釁多的。

日本流行「受驗戰爭」這句話，是始於一九六〇年經濟好轉之後。從這時代起，升學人數多起來了，隨著各種改革的推進，實際展開了競爭的局面。特別是在一九八六年，國立大學加考一次小論文，等於通過兩次試驗，因此奔向私立大學者增多，使競爭惡化了。

在英國和西德，入學是回事，拿到畢業證書又是一回事，日本是只要能進去，便沒有不能畢業的，這成了盲點之所在，從大學出來，也不見得就有真才實學。

最近雖然選擇專門學校者有增加趨勢，但在學歷觀念打破以前，擠窄門的現象是解除不了，是可斷言的。

透過一次一次的「受驗戰爭」，把年輕人由輸送帶(belt conveyor)捲到社會，自己成了受驗產業的商品而不自知，最後連是非辨別的能力也沒有，就遑論日本的將來性了。

日本價格管理政策之真相

價格管理，是物資配給、統制的變身，日本在戰時曾行之有素，而在平時——和平盛世，以價格管理來代替配給、統制的國家，在全世界，只有日本能行得通。

以牛肉的價格管理為例，牛肉是民生不可少的主食之一，自外國輸入的牛肉，原價很低，可是牛肉在日本，價格超過全世界任何國度，貴得出奇。按理來說，日圓不斷升值，輸入的牛肉到消費者手裏，應該和產地小賣價格相差無幾才對，因為大量採購的批發價格低於當地小賣價格，這是常識之一；又，以美元計價，兩年前的一美元和現在的一美元，以日本貨幣換算來說，採購價格已經降低二分之一或三分之一，這是常識之二，所以輸入的牛肉在日本市場，無論批發、零售，都該便宜，最低限度也該和其他國的價格，不相上下才算合理。可是，日本的牛肉價格，在任何情形下，居高不下，無論過去或現在，價格都被「管理」到最高程度。讀賣新聞報導過這個內幕說：

「人人都知道牛肉在日本貴得全世界第一，為什麼是廉價輸入，而市販價格如此之高？日圓升值了好處都跑哪兒去了、一直令人難解。終於警視廳第二課，在處理一起貪汙事件中，發現了有關牛肉輸入的『利權』構造和上下勾結實態——這是從日本與美、澳交涉牛肉問題，揭開謎底的。」首先是日本新聞界，把壟斷過程繪製了圖表，使不透明的事件，立刻清澈見底了。

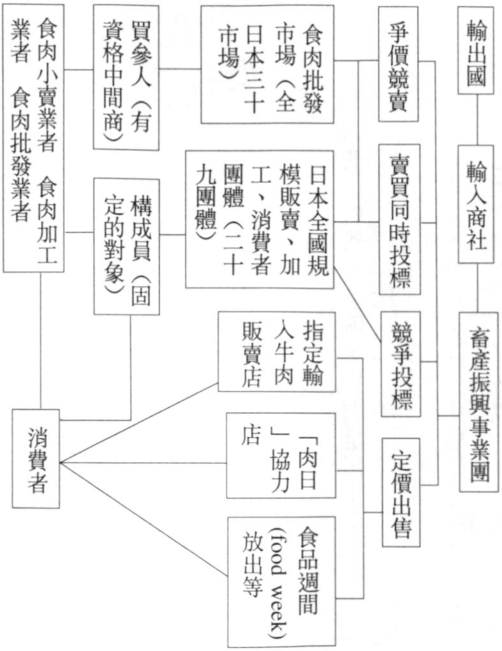

從上圖可知：第一，對外採購是由商社統一辦理。商社把牛肉進口以後，必須交給畜產振興事業團統一支配，畜產振興事業團控制著全國三十處肉類批發市場和販賣加工等二十九個團體。又在這大型批發市場和團體之下，有「構成員」和「買參人」的資格限制，通過這個中間商，才輪到肉食小賣業以及下層加工業和批發業，最後才到消費者之手。此外，畜

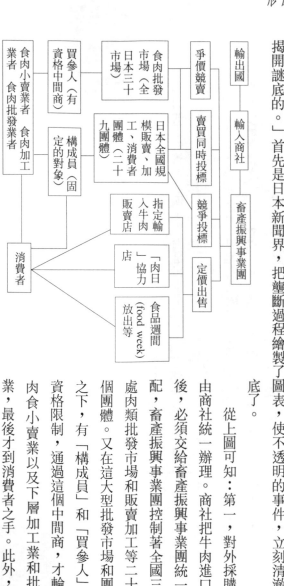

產振興事業團，也搞「定價出售」，直接販給「指定的牛肉店」，也在某月某日或某週，作些「放出」，給這些協力店（即聽從指揮的店）一點甜頭，所以每當此際，有些家庭主婦，去擠著買便宜牛肉，還認為這是一種施捨，是很大恩惠。

日本的牛肉消費量是多少呢？去年（一九九三）的統計，共為五十七萬一千噸。其中，輸入的牛肉占百分之三十，共十八萬八千噸。這些輸入的牛肉，主要是來自澳洲、美國或加拿大，產地價格不到日本國內價格的三分之一，因此，日本畜產振興事業團從中謀取的利益，在一九九一年為三百二十七億日圓，一九九二年為三百八十六億日圓，一九九三年為五百億日圓。儘管日圓升值，輸入成本不斷降低，日本老百姓吃的牛肉，仍非付出最高代價不可，把天文數字的利益，歸諸少數壟斷集團——由「價格管理」達成其目的。

這目的，是一石兩鳥的政策，「有秩序」的輸入，可把生產國的價格壓到最低，在販向國內時，又透過種種嚴密的組織，把價格提到最高。它既保護了國內的畜產業，也謀取了大量中間利益。至於人民福祉，是建立在各自勒緊褲帶、節約苦幹，以維持各該「集團」的利益——只有團體，沒有個人，日本人早就習以為常了。

日本人怎不反抗這種很不合理現象呢？因為「集團」的力量過分強大，後面有政府的國策撐腰，反抗不了。

以日本畜產振興事業團來說，它是以「畜產物價格安定」與對「生產者扶助」為理由，在一九六一年成立的特殊法人團體。那時是池田勇人當政，主管畜產事業的是農林水產省，後者透過這個特殊法人團體，規定了牛肉價格的上限和下限。因此，很容易明白，日本牛肉價格，是由農林水產省決定的——維持一定的水平。這樣，當然國內的生產者團體高興；而為這生產者團體擔任護航隊的壓力集團，即國會的農林水產族，更是高興。政府配合這些集團把持了既得利益，這種利益只會越來越大，力量會越來越強，所以永遠不會放手。這種鋼鐵般的組織，消費者對他們毫無辦法，任何輿論的攻擊也是枉然，卻是美國和澳洲，把日本這種體制，作了相當研究（其他落後國家不但不研究，甚至幫助日本人製造不實言論）。美、澳針對日本牛肉市場現況，提出了自由化要求——希望不經過那樣多的層層剝削和阻攔，把輸入牛肉盡快的供應給消費者。否則抵制日貨進口。日本在權衡輕重之後，把部分管制放鬆了。即把年間輸入量的一〇%（高級牛肉），由商社一經輸入，即行標售。這樣一來，市場價格的變化幅度較大，對肉商而言，所受羈絆較少，於是爭購「自由肉」的多起來了。畜產事業團一看大勢不妙，重新規定了標售的分配制。亦即對眾多業者有選擇權，這個大權在握的畜產振興事業團幹部，是食肉部長青山豐（五十二歲）。在他的分配之下，有的肉商一年得不到一斤，有的得到四百噸以上。這裏，發生了舞弊事件，青山豐被捕入獄，才把內幕暴露了出來。

因此，日本記者說：還是美國厲害，一個要求把輸入牛肉立刻標售，就使日本現了原形。可是當事人的想法不是這樣，日本的國際合作事業團，貸款給菲律賓承建下水道發生過貪污事件，還有購買飛機也發生拿了美國廠商回扣的貪污事件，他們認為拿外國的錢，沒有什麼不對。所以，對日本認識不清的國家，永遠是吃虧的角色，這類事情，還是早點揭穿較好！

日本的整飭治安方法

日本人的遠見令人佩服，他們在明治維新之初，就重視了司法和警察的地位，選東大畢業的高材生當此重任，由此產生了法律的進步性和執法者的公平性、信賴性。在相當時期，人民見到警察就行個禮，表示對這「公僕」的尊敬。這些政策的實踐，不是出於天皇或一般政客，而是出於伊藤博文等幾名愛國志士的深謀遠慮。他們一心為國家富強而獻身，不謀一己之利。

檢警組織嚴謹　監控治安

日本是很務實的國家，雖然有時做得過火，但團隊精神極強，團隊的本身，包括各種組織，都有互相行動一致的慣性，它也構成彼此監督作用，做壞事不敢，因為一旦從這組織脫落了，就成了社會的遺棄者，很難再有翻身機會，因為在日本，一個人的行徑，有著永遠磨滅不了的紀錄，更不說警察對其管區的每家住戶行動和生活狀況瞭如指掌，甚至每個學校的不良少年，也在警察掌握之中。日本派出所稱為「交番」或稱「警亭」，遍布全國容易發生事端的每個街衢，其功能之大，世界各國都曾前來學習，關於日本警察的種種，一般缺少有系統的研究。日本警察的教育、組織、制度與值勤的方法和奉公的精神，值得我們借鏡之處很多。

沙林事件　日人冷靜應對

時常有人說「日本能，我們也能」，但是，一種制度，一種文化的移接有著一定的困難，它既涉及到認識的程度，又涉及到實施的方法以及既有體制的存廢、調整和人事上的複雜問題。我們愛臺灣，就要先在根基上施肥，讓它枝葉並茂的茁長壯大。

現在臺灣發生的幾樁重大刑案，從海外來看，大多是單純的「謀財害命」，不是政治謀殺，所以它構不成政治問題。可是人民的感覺是「直觀的」，把純法律事件，埋怨到政府方面，其情可憫，其理欠周。在先進國家如日本，前年發生的邪教以沙林在電車上對無辜者進行的大量殺人事件，其殘酷性轟動世界，可是被害者以及日本社會大眾，在驚悸萬分中，也保持了冷靜，既未走上街頭，也未要求總理大臣下臺。

暴徒，在每個國家都有，就日本九六年版《警察白書》來看，去年一年發生的刑案有一百七十八萬二千九百四十四件，其中兇惡殺人分屍案有六千七百六十八件，在一個「警察萬能」的國家，在一個凡事有節度、有規律的國家，情且如此，何況在亞熱帶容易情緒化的臺灣？

日本在泡沫經濟發生後，犯罪率突然增高，在安定成長期，犯罪率很低；在戰後恐慌失望期，常有大規模示威運動。所以臺灣的治安問題，日本走過的道路，是一面很好的鏡子——他們是從多方面下手的，其中最重要的一環，是警方散布在全國主要都市的六千零五個「交番」、「分駐所」，與民相親的在管區組織了「生活安全中心」。在警力的配備上，是採三人交替制，隨時為管區居民解決困難，並與「安全中心」保持聯繫，作「防犯」的指導並掌握有關動向，包括誰家的房門在外出時未及上鎖等細微末節，在巡邏時都面面顧到的提醒注意。其特徵是防重於罰。

地域安全運動　歹徒生畏

其次，警方也常搞地域安全運動，由居民、警察和地方政府合作組成防犯協會，並號召義工參與，作各種宣導工作。到現在為止，這種組織已有七百六十四個之多，凡此都構成縱橫交錯的「防犯網路」，使歹徒望之生畏，因為一有事件產生，警察三分鐘就到現場。

日本政府，包括總理大臣，很少對刑案發言，因為在制度上那是警察和法官的事，如果說政府有何責任，其責任至多是把這制度透過國會建全起來與用人唯才而已。

日本常說他們是成熟社會，應該是教育達到了高水準，文化和產業也有高度發展，於是人民的素質亦高，臺灣有這個條件，但是把它再提升一步，就會遇事冷靜，作出公道的判斷，情緒的要求政府下臺，在先進國家來看那是不對的。

日本的教科書圖書館

日本發行教科書的出版社，共有六十七家，都是民營的。教科書的發行量，相當可觀；在六年的小學教育階段，平均每人要讀六十冊；再加上初中、高中教育所用的，在十二年之間，每人要讀一百五十冊以上。凡是在學的學生，無論喜不喜歡讀書，這些書籍是絕對少不了的。

日本的這些教科書，隨著時代演進，其內容，早期的和近期的不同；戰前的和戰後的，差異更大。它既代表一個國家歷史的變遷，更代表著教育發展的指標。在這認識之下，把教科書保存著作些對照，饒有意義。

日本不但把國內出版的教科書，一一作了陳列保管，更蒐集了其他國家的教科書，供人公開閱覽，這些來自海外的現在總數已達六萬冊之多。這個做法，對學校教育以及教科書的編訂，有很大的助益。

日本教科書圖書館成立於一九七六年，是附設在文部省之下的法人團體——教科書研究中心，地點在東京都新宿區本鹽町，設備非常完善。這所圖書館，利用最多的是有關出版社，他們也出錢幫助這一圖書館的存在。

日本教科書的編訂，戰前是由國家統籌辦理的，戰後隨著學制的改革，交由民間出版機構負責，但要通過文部省的檢閱，不合格的要加修正，並規定非送這圖書館來陳列不可。

前述的這些教科書，種類有多少？粗略算來有一千一百種，這些都可在這裏一覽無遺。此外購自英、美、法、德等四十餘國的教科書，也有一萬三千九百餘冊，其中且有譯成日文供人參考的。

由於有這種國書館的存在，時常由學術團體作世界教科書的比較研究，並提出相關報告。同時也蒐集其他國家的類似研究文獻，以補不足。這些資料，也常是各國駐日大使館文化工作者獵取的對象。

日本教科書圖書館長川崎氏說：「各國教科書編訂制度不同，美國各州的教科書並不統一，英國則完全放任，由學校自行選擇。日本的檢定制度則出了許多問題。」

提起日本政府對教科書的檢定，一如各界所指責的，他們竄改歷史的行為，非常失策。因為在這圖書館裏的西德有關歷史教科書，是坦然承認了戰爭的責任，這顯示著一個民族的光明磊落。

日本的作風，他們自己也覺得欲蓋彌彰。著名學者家永三郎所寫的歷史教科書，在侵略中國的有關記載上，非常客觀，卻被文部省打了回票。這問題引起了長期訴訟，更引起了國際間的重視。最後雖然判決由日本政府作了象徵性的賠償，家永氏不服，輿論不服，在世人的眼裏，也認為這個判決並不公正。這些，對日本只有負面作用而已。

在日本教科書圖書館，除了前面這類現在通用的教科書，構成一面鏡子以外，還有明治時代從歐美翻譯過來的，其中還有木刻版，也保存得完好。這裏值得介紹的是，日本在戰敗時所使用的教科書，是臨時把軍國主義思想部份用墨塗掉，來應急的「墨塗書」，也陳列其間。它充分顯示了日本戰敗當時的狼狽相，也說明了在狼狽之中，還要讀書的精神。那時東京已成焦土，沒有教室，學生只有「打野外」式的，讀那些「墨塗書」，來接受不同的教育。

教科書圖書館，不僅是提供研究參考而已，也舉辦各種相關活動。去年，他們曾經召開「海外教育事情座談會」，也舉行過「視聽教育教材研究會」。這些會，既研究他們自己的問題，也透視海外的動向——各國的教育設施和社會變化與傳達文教信息。

一般而言，日本各級學校教科書的編纂，既現代化，又科學化，質量很好。怎樣好法？第一，它在內容上與社會結合在一起，不打任何高空，每一章，每一條，將來或學習當時，就有用處。第二，無論理科或社會科的，圖表並重，題解清晰，容易明白，容易記憶。就是他們的「國語」，也是一課下來，由註解、說明到應用，都連貫得無懈可擊。以前時常索閱我家孩子的課本，深感他們的進步，有進步的道理。

「十年樹木，百年樹人」，這句話，日本更懂它的道理。但是教育的成敗，教科書的是否適當，是否合理，是否精度較高，是一重大課題。

凡事的好壞，是由比較產生的。如果世界只有亞當和夏娃，那麼也就無所謂誰醜誰美了。偏偏這個芸芸眾生世界，只要稍加觀察，就能美醜立見。這外觀的，也許不足為訓；內涵的，文化深處的，也不是不能作出好壞的比較；教科書，當然可以列在這種比較之內。

記得是吳大猷先生，曾為物理教科書的不妥，大聲疾呼；其實，不妥當的不止物理一科。這些，不是本文範圍，我是感懷日本之有教科書圖書館，並不斷地和各國進行比較研究，把教科書的功用提高，這種精神可佩。

日本教科書圖書館規模並不太大，費用也並不太多，可是它對青少年的教育，有益非淺，它，無疑是現代國家的象徵。

日本的洋化運動與鹿鳴館

日本在過去的洋化運動中，學習西洋的科學，也學習西洋的生活樣式——跳舞。為了跳舞，在一八八四年就建造了一座鹿鳴館——「呦呦鹿鳴，食野之苹」，是取《詩經》的詩意以名之的。

在明治十六年（一八八四），鹿鳴館早早的在東京落成了。那時的外務大臣井上馨，且親自出來接客，一時冠蓋雲集，盛況可知。

這個鹿鳴館，是由英國人約瑟・康特設計的二樓建築，佔地一千多坪，這個豪華的舞廳，可給日本人開了眼界。它是用來改變西洋人對日本的印象的，表示日本已經文明開化了。所以在七年前，日本影劇界，還以鹿鳴館為背景，把昔日的風情拍成了電影，很受歡迎的呢！

井上馨，在一八七九年，就任日本外務卿後，就與歐美諸國展開了不平等條約的改訂交涉，他認為，要與歐美平等，得首先宣傳日本的進步，進步得可以和歐美人士一起跳舞才行，這真是用心良苦。

自從這個大舞廳——鹿鳴館，在百年前建造起來以後，男人西裝革履，婦女長裙曳地。男女婆娑起舞，夜夜笙歌不輟，一片西洋景象，呈現在少數資產階級面前。可是，這個東施效顰，不久就被洋人識破了，因為進場的客人固很體面，在外看看熱鬧的老百姓，不乏穿草鞋半裸著身子的。當時住在日本的法國著名畫家喬治・比高，在他的諷刺漫畫裏，把這滑稽情節，描繪得淋漓盡致。

由於這個膚淺的辦法，並未得到應有的評價和預期效果，井上馨推動的不平等條約改正，亦未成功，他為這次的失敗，在一八八七年辭職了，那是伊藤博文第一次組閣時代。

雖然這樣，日本為了移風易俗，鹿鳴館的西式社交活動，並未曲終人散，直至今日還是為人樂道。

日本在安政時代與西歐各國間的不平等條約，幾乎是和中國處境一樣，英國把鴉片販賣到日本，也無法過問。那時租稅權和領事裁判權，都在洋人手裏。明治維新以後，亟思改訂這些不平等條約，卻想不出好的辦法來，在力圖振作之中，首先看到了生活樣式的落後，於是才有歐化政策比肩跳舞這一幕的演出。

在那時期，日本還沒有自己的現代法律，為此一面派岩倉具視等到西歐考察，一面招聘法國一些專家，諸如喬治・阿貝爾等來到日本，替他們制訂法律，卻是在稅權與裁判權的交涉上，發生困難。井上馨與前任外務卿寺島宗則主張收回主權，即裁判權。

但是英國反應冷淡，因此有主張在稅權上下手的，結果到一八七二年七月，日本宣佈延期交涉，因為自己意見還未統一。

日本明治時代的對外政策，蠻有意思的。在一八八〇年，井上馨與德國公使會談時曾說：「抑夫我輩之志，在於學習西方國家的文明教化，對此已經實現了十餘年，凡此都有證據可尋（暗指鹿鳴館之設），我們期望和泰西各國享有同等權利並有同等地位。」

井上所說「學習西方國家文明教化」，是明白的表示以前的日本不夠文明，所受屈辱應該，從此文明化了，再受屈辱，不應該。其實，文明，那裏是幾年之間就能辦到的，它要經過吸收消化漸進而來。可是日本，把文明化也當速成科來看待了，先搞起個「鹿鳴館」，跳跳舞。所以歐美人士說，它很像法國皮爾・羅蒂筆下的「偉大公爵」那樣一齣鬧劇，令人感到輕浮。

日本男女同伴的社交活動，因受西洋感染，在鹿鳴館開業之前的一八八〇年天長節，曾在宮廷裏舉行過洋式舞蹈會。顯然的那次活動並不得心應手，才由井上馨編印了一本《內外交際宴會禮儀》，進行了教育。說，這是國際親善時代接待外賓不可少的知識。在這以後參加鹿鳴館「派對」的，都照這規矩，男士著長禮服，女性要穿ROBE DE COLLETEE式白襟禮服，這在當時是很考究的打扮了。

日本婦女服飾的洋化，從此盛行起來，也因它較和服方便。更不用說男士禿頂斷髮那種樣子，也一去不返了。

日本的西化運動，在明治十年以後，雷厲風行——衣服改良、髮型改良、家庭改良、交際改良、戲劇改良等，有過一片改良運動。這些改良，是把西洋的生活樣式加以「拷貝」，雖然如此努力，也不盡如人意，因為光是表面的、形式的不行；在這方面，日本是明白的。所以，相繼翻譯了大量西洋著作，「社會學」、「經濟學」等名詞，都是在翻譯過程中，創生於日本。在這方面，日本是先進的，有著許多成績。徹底學習之後，豐富了自己文化。從這角度來看，鹿鳴館，在日本文化史上，還是有著一定的作用呢！

日本的規制經濟活動

外國產品，無法打入日本市場，為什麼？

通常是說，日本的「非關稅壁壘」構成障礙。可是，這些「非關稅壁壘」是怎麼形成的？卻是極其複雜的問題，因為在官方與民間，都有一夫當關、萬夫莫敵那樣的攔路虎存在，這些，都表現在日本的「許可與認可」的制度上。現在，美國要求日本把這種構造加以改革，日本也說要把「規制」緩和。可是……。

一、大小事情一律納入管理

日本是「管理列島」，大小事情，一無遺漏的置於嚴密管理之下，是日本經濟與文化的最大特徵。這種管理，由廚房到垃圾，由公共費用到消費價格，無不納入其中。日本人自己說，他們由搖籃期到進入墳墓，是在管理之中走完一生的，這話絕不誇大，事實是如此。其中關於經濟活動的，由生產到販賣，每個階段，都有管理的固定管道，突然有人加入進來，要經過繁複的認可或許可，那是萬難突破的。因此，在有關統計裏已明白看出，日本的經濟，有ＧＮＰ的百分之四十，是在管理之下搞出來的。

現在介紹它的細節。

首先是，日本非經許可、認可做不了事的，有一萬九百四十二種。官廳不把持這些權力，就沒有事情好幹了，所以，無論怎樣要求緩和，也難辦到，因為它早就組織化、系統化與習慣化了的。在管理的名堂上，既有許可、認可的大權操在衙門之手，更有「免許」、「承認」、「指定」、「承諾」、「認定」、「確認」、「證明」、「認證」、「試驗」、「檢查」、「檢定」、「登錄」、「審查」、「屆出」、「提出」、「報告」、「交付」、「申請」……各種規定，這些非通過官方的點頭批准不可。例如建築，按照法律申請上去，官方說那個地方再遠離道路五公尺才較妥當，雖然法律沒有那樣規定，可是你不照辦，拿不到興建執照。這是舉例。類似的情形，歸運輸省管理的有一千九百六十六種，歸通產省管理的有一千三百五十七種，歸農水省管理的有一千三百五十七種，歸大藏省管理的有一千二百三十六種，歸厚生省管理的有一千一百七十種。這五省的管理案件（七千六百四十四種），占全體的百分之七十強，除了這些重要官廳以外，總理府、公正交易委員會、國家公安委員會、北海道開發廳、防衛廳、經企廳、科技廳、環境廳、沖繩開發廳、國土廳、法務省、外務省、文部省、郵政省、勞働省、建設省、自治省，都法令如牛毛，既管這個，也管那個。

二、物價特高是人為因素所致

日本這些「規制」的目的，他們自己說：在自由經濟體制下，完全放任，有解決不了的問題，亦即在獨占的市場下有其機能上的缺陷，例如特定的商品與服務業，在競爭原理上成長不起來，所以無視其原理的存在，來個非自由的「規制」。這裏邊，有利有弊，它在環境保護的諸般措施上，或者可行；但給國民生活，造成了反效果，因為它基本上是保護生產者，犧牲消費者的，所以日本物價特高。

這裏最遭物議的是，行政指導，它沒有法規依據，完全是出於人為的那種「規制」。並在這裏創造了些令人無法理解的名詞——輸出自主規制與輸入範圍設定，這些都是其他國家沒有的。由於通產省從中作崇，輸入品都得通過總代理店進行，用這方法維持一定價格，使其居高不下。就是在外國以低價格購入的，也是一到日本手裏，就昂貴幾倍，利益都由商社獨占了。例如在歐洲生產的香水，在倫敦賣六十二美元，洛杉磯賣七十五美元，巴黎賣七十三美元，紐約賣七十五美元者，一到東京就賣一一五美元。其他名牌手錶、手提袋、高爾夫球等，所有日用品，無一不是如此。現在隨著日圓升值，購入價格較前為低，可是市販的價格不變，這中間的剝削就更多了。這些，都是由「規制」造成的。

三、「食管法」還曾引發鬧劇

此外，日本最特殊的還有「食管法」（食糧管理法）把稻米由生產、集貨、販賣，都作了「規制」——每年由政府收購一百十萬噸，自行流通四百五十七萬噸。前者稱政府米，後者稱自主米。這些米先到批發商，再到小賣業。這兩層業者，都要各縣市首長的許可。他們不能販賣一粒外來輸入的，因此日本米較美國的貴上七倍有餘。以前，在東京一項展覽會上，美國拿來五公斤米展出，還發生被警察帶走的一幕鬧劇，這事件且驚動了美國的國會，引起過外交問題。

日本的行政指導，其許可、認可的管轄範圍，可以說無遠弗屆。由電氣、瓦斯、郵政、交通、巴士到車檢與輸入代理店，還有百貨公司的開張、營業時間、休息日數，以及煙酒販賣店的遠近距離，都構成限制條件。在所有限制中，有為維持較高價格，而特設的辦法。例如日本產的乳製品、小麥、大豆、生絲，都要維持高價，他們絕不輸入外來奶粉，所以無論美國或澳洲的奶粉，在日本是一罐也找不到。

同時，在所有限制的辦法中，莫不手續繁複得令人生畏。就拿他們度假地所謂RESORT的開發，既要自治省的許可，又要運輸省的通過，還有通產省、農水省、建設省與國土廳的利權，一處過不了關，也難實現。

四、公共事業預算分配易生弊端

其中時常發生弊端的，是公共事業的預算分配。日本在「規制」之下，一要有資格者的登錄，二要上級機關對業者之指定，三要有表面的現場說明，四要有投標之舉，五要決定何者得標，六要締結契約。可是，這些過程是假的，幕後已由官廳和業者的共同組織，有了默契，最後來個「談合」，把錢分了。這是由「規制」帶來的不合理現象，又關於都市計畫，有六十個法律互相羈絆著——既有總合開發法，又有國土利用法，還有土地收用法以及都市建設促進法等。結果，日本在都市計畫裏的住宅，只占國土面積的百分之十四，這百分之十四中的一等地以及重要區域，都在大企業手裏，也就是有百分之一的土地一炒，就整個飛漲起來，這是日本寸土寸金的原因。

整個的來說，日本貿易在嚴重管理之中，日本產業、日本經營，更在周密管理之中；人和物，以及思想行為，也在管理之中。這些管理，現在發覺有了許多副作用，其一是經濟發展不夠健康，人們的生活，得不到實惠，都被壟斷者剝削了。其二是在國際間引起了反感，因為外國產品，在日本這樣嚴密控制的社會，沒有競爭的空間，沒有成功的餘地。在他們「非關稅壁壘」的諸多保護之下，進入不了日本市場。於是貿易的不平衡，成了永遠無法解決的問題。在這情形下，日本說要緩和各種「規制」，但是，不另行立法，取消以前各種不合理的措施，只是口頭的說，恐怕難期有何改變。它，是美、日間的重要話題，也是現在日本新政府有待克服的問題，更是世界關注的問題。

日本政治的缺點、汙點與問題點

日本是個很難理解的國家——經濟構造特殊，政治構造特殊，文化構造更特殊。全世界有幾千名一流學者，對日本的研究，像演算方程式那樣往下推解。諸如理查德・哈羅林的《日本外表和真相》，貝爾蘭德的《日本人的表現構造》，皮特・瓦爾斯的《英國病、蘇聯病、日本病》以及麥溫・杜可葉的《日本沒有民主》等，寫的都很深刻，允稱名著，可是對日本的理解，還是局部的，更不說傅高義的《日本第一》是很皮毛的了，日本的一般讀者對它評價很低。

正因日本難解，往往給某些地區、某些人士造成錯覺——盲目的學習日本。

就以日本的政治來說，國會是政治舞臺，沒錯。但是，把國會議員「編」起「隊」來，抹煞個人發言權以及他所代表的那一選區的意見，這種反常行為，是任何國家無法接受，也無法「學習」的。因為它有違民主的定義與政黨政治原則。

日本政治的缺點很多，其中最為人詬病的是「派閥」的公然存在。在這「派閥」之間發生的問題有：

第一，是不擇手段的搞政治資金，造成了政治圈的污濁混亂。這次金丸信事件，不過是冰山一角，以致日本選民對政治家抱鄙視和不信態度的，逐漸擴大。上次參院改選，投票率不到百分之五十，可為明證。

第二，「派閥」的形成，不過是另一種「賣官鬻爵」和「政治壟斷」行為。日本的派閥，常把總理大臣的職權架空，以遂行各個小集團的私利。在這過程，鈎心鬥角，爭權爭寵，互別苗頭，以致發生各種醜聞，影響了國際視聽。

第三，日本派閥長期以來造成的惡果，不僅脫不開「金權政治」的污名，同時也為國會議員的品質造成了低落現象。因為派閥的「山頭」政治思想有一定格局，「山頭」的地盤不易打破，使「山外」的人才難以進入議壇過問政治，所以任何改革都發生了困難。

日本的「派閥」給日本政治帶來的困境和弊端，不一而足，可是日本，是沒有「派閥」便無「政治」可言了的一種文化。日本在財界有「財閥」，在學界有「學閥」，將來是不是還會有「軍閥」出來，也似乎難免。因為日本人有強烈「歸屬意識」，這是文化的特徵之一。

其次，日本的各種社團都善於組織，一旦形成組織，像滾雪球似的，越滾越大。西方學者研究了日本的組織原動力，說是由古代MURA(村)演化下來的。這個說法不無道理，但是統治者與被統治者之間，幾百年以上已經習慣化了的「二重化」構造，與日本凡事「團隊化」有著密切關係。這是文化特徵之二。

再次，是日本有為「排」起「隊」來而設的規則——法律和檢、警的執法精神。無論怎麼說，這次金丸信是被判有罪了，也因有罪導致了辭去議員之職。更不說以前田中角榮以總理大臣之尊，被逮捕入獄的那些法治鐵腕作風，都給人以公正印象。因此，「派閥」力量再大，還有屈服於法律之下的一天。何況，日本還有一條無形的鞭子——輿論和來自民間的反彈。金丸信的不得翻身，就是出自民間的咬牙切齒，成群結隊喊下臺。一個看似民主的「巨人」，就成了紙老虎。

這條鞭子，也不止上述兩點，還有社會上所謂倫理的以及看不見的那些拘束，這些，可以稱之為「日本社會的慣性裝置」。這是文化特徵之三。

日本的文化不同其他國家者特多，所以任何說「日本能，我們也能」的那些話，是嚴重誤導。也因此，我們這裏若有人倡言：「日本有『派閥』，我們也可搞『派閥』」，那是過分無知。

首先我們要知道，日本憲法規定，總理大臣是由國會選出的，這在我國不是；又，日本的內閣閣員，要有半數以上必須是國會議員，和我們也完全不同。從這裏來看，中華民國五權憲法，優於日本，因為任何想從國會操作，達到升官發財目的，只要法治嚴明，都是不可能的。所以長期以來，中華民國的政治以往一直沒有「派閥」問題出現，也避免了來自「派閥」的傷害。

同時，在我們的傳統文化和教育內涵裏，在一個平等的每人都有發言權的國會裏，要甲屈從乙，或耍一個「圈子」屈於某人，那是人格的侮蔑和對選民付託的責任之放棄，更是對政黨政治的違礙與對民主精義之摧殘。

問題是，我們現在的政治圈遠比過去複雜，不但政治倫理出現歧異，而且政治風氣也愈來愈讓人擔心，因此有些政治人物頗有「以日本為師」的政治想法，對「派閥政治」之「山頭主義」躍躍欲試，以為在日本行得通，在我們這裏也行。其實由金丸信事件，已可看得出來，日本的「派閥政治」縱然有其文化背景，但已遭到廣大選民的普遍反感。

再說，日本的那種一入隊了就死心塌地不再吭氣了，甘於被擺佈的文化，並非我國所能抄襲。所以任何在我們國會搞「派閥」運動是未理解到我們文化背景和日本有著絕對不同之故。日本學不得，學不來，從每個角度，都可作出比較。

以前，曾有不少鼓吹學習日本經營方式以及唯日本方法才能達到經濟發展目標等等言論，這些雖然無可厚非，但是，現在日本經濟，一個「泡沫破滅」下來，現在企業倒閉已達三千家。這且不說，現在日本人患心臟病的「企業戰士」，四人之中有其一，於是「過勞死」已成社會問題。這是說日本慣於在每一方面搞過火。表現在政治上的，瑞克魯特事件、佐川急便事件，還有更麻煩的捗及「暴力團事件」，正在發展，這些都是日本政治的缺點、汙點與問題點。這些問題都是起源於「派閥」構造，已引起日本社會的嚴正關切，以及正義之士的口誅筆伐，所以「派閥」的歪路，學不得也！

後記——歐美各國對日本的研究

以科學方法，也就是以可靠論據對日本作精密研究的，是歐美先進國家。其中早期的代表作，是Ruth Fulton Benedict（一八八七——一九四八）的《菊與刀》(*The Chrysanthemum and the Sword*)，此書是第二次世界大戰初起之際，作者接受美國中央情報局委託著手進行的，其成果早已膾炙人口。另一名著是《日本近代國家的成立》(*Japan's Emergence as a Modern State*)，作者是加拿大旅居日本傳教士之子E. Horbert Norman，他曾畢業於倫敦大學、劍橋大學，並在哈佛大學從事東方的學術研究，三十歲起，以外交官身份生活在日本，時當一九四〇年，戰後並晉升為加拿大駐日首席代表，他的這項著作，學界且說是填補了日本的空白。其次是美國駐日大使，因戰爭爆發，於一九四一年下旗歸國的Joseph Clark Grew 所著《滯日十年》(*Ten Years in Japan*)，其中多為戰時日本的珍貴記錄和第一手資料。這些早期的日本研究，是偏重於基礎的，且都構成外交政策的依據，所以有其不朽的價值，自然是不止前述幾種而已。

戰後以還，日本從廢墟中崛起，他們是先擒跛雞後捕虎，不到二十年成世界優等生了，而且現在更上層樓，坐二望一，使先進、中進各國瞠乎其後，威脅所至，到處有著驚異和抗拒之聲，於是歐美把目光轉向日本，研究日本的增多了，不僅學者專家紛至沓來，卡特時代的國家安全顧問布里茲辛基，在上任前也曾在日本住上半年，搜集資料並作了仔細觀察。這些緻密的研究分析，由鄉村到城市，由工廠到學校，由思想到行為，都有專著問世，現在對此等研究著述，不約而同的稱之為「日本學」了。

在國內Vogel的「日本第一」很受重視，響遍各階層，應該說是好的開始，但是只此一家之言，似嫌不夠；同時，傅高義的論點，是否完全正確，也有疑問；因為美國胡佛研究所的Harrison M. Holland教授，日前對此書已提出不同的看法。他舉三項弱點，作了反駁（十二月十四日《世界週報》）。因此瞭解日本，須從廣泛的基礎上著手，亦即把握「日本學」的蓬勃進展，才有意義。

「日本學」與我國的「漢學」雖然性質相近，但是命意不同。前者是對日本整個的研究，著重現實；後者則以古典為對象，是屬於靜態的。兩相比照，顯然是「日本學」的興起，是因面臨了某些壓力，希望在「知己知彼」上有所解脫，所以西洋學者研究現代日本，在心情上是很複雜的，這可由各種著作的內容看得出來。譬如德國G. Hielscher的《日本批判》、美國R. Halloran的《日本之表裏》、比利時W. A. Grootaers的《日本文化考》，筆下都有幾分鄙棄，特別是以色列的旅日作者，在書名上就題為《非民主主義的日本》。這些並非先存成見，而是研究所得。

「日本學」，亦即歐美研究日本的著作，陳列在書肆，經常可以見到的，約有百種，諸如H. Passin的《日本近代化與教育》、H. Patrick等的《亞洲巨人》、J. Halliday的《日本衝擊——復甦的帝國主義與經濟侵略》，都是暢銷的好書。此外在圖書館，也有相當數量的此類著作或論文，就中William W. Lockwood的《日本之經濟發展》上下兩巨冊，允稱是斯界權威。他在書中特設〈中國儒學對日本之影響〉一章，道來絲絲入扣。

在日本的新聞或稍有水準的雜誌，都少不了書評與出版介紹，其他先進國家亦然。日本《讀賣新聞》每週一次的書評，是由十五位專家輪流上陣，其中包括東大教授以及做過文部大臣的永井道雄氏，自然是他們所評的，是以日本文化界當期的出版物為主，目的在給讀者提供方便，並藉此推廣文化。

我曾說過，文化沒有國境，也沒有你的我的之分，誰吸收到是誰的。隔道不下雨，百里不通風，是自閉症的一種，所以經濟學的若干原理是採自世界的，醫學上的病理也是世界的，無論核子能或機器人的製造，在方法上都是世界的！這來自世界的知識，既無抗拒的可能，也無排斥餘地，只有吸收之一途。日本的研究發展費用已達六兆日圓，自然是發展資料較多，如何分門別類的搜集，似乎不宜輕視，尤其文化界應該肩起這個責任。

三民叢刊書目

㉖作家與作品　謝冰瑩著
㉗冰瑩書信　謝冰瑩著
㉘冰瑩遊記　謝冰瑩著
㉙冰瑩憶往　謝冰瑩著
㉚冰瑩懷舊　謝冰瑩著
㉛與世界文壇對話　鄭樹森著
㉜捉狂下的興嘆　南方朔著
㉝猶記風吹水上鱗
・錢穆與現代中國學術　余英時著
㉞形象與言語
・西方現代藝術評論文集　李明明著
㉟紅學論集　潘重規著
㊱憂鬱與狂熱　孫瑋芒著
㊲黃昏過客　沙　究著
㊳帶詩蹺課去　徐望雲著
㊴走出銅像國　龔鵬程著
㊵伴我半世紀的那把琴　鄧昌國著
㊶深層思考與思考深層　劉必榮著
・轉型期國際政治的觀察
㊷瞬　間　周志文著
㊸兩岸迷宮遊戲　楊　渡著
㊹德國問題與歐洲秩序　彭滂沱著
㊺文學關懷　李瑞騰著
㊻未能忘情　劉紹銘著
㊼發展路上艱難多　孫　震著
㊽胡適叢論　周質平著
㊾水與水神　王孝廉著
・中國的民俗與人文
㊿由英雄的人到人的泯滅　金恆杰著
・法國當代文學論集
51重商主義的窘境　賴建誠著
52中國文化與現代變遷　余英時著
53橡溪雜拾　思　果著
54統一後的德國　郭恆鈺主編
55愛廬談文學　黃永武著
56南十字星座　呂大明著
57重疊的足跡　韓　秀著
58書鄉長短調　黃碧端著
59愛情・仇恨・政治　朱立民著
・漢姆雷特專論及其他

⑥0蝴蝶球傳奇 顏匯增著
・真實與虛構
⑥1文化啓示錄 南方朔著
⑥2日本這個國家 章陸著
⑥3在沉寂與鼎沸之間 黃碧端著
⑥4民主與兩岸動向 余英時著
⑥5靈魂的按摩 劉紹銘著
⑥6迎向眾聲 向陽著
・八〇年代臺灣文化情境觀察
⑥7蛻變中的臺灣經濟 于宗先著
⑥8從現代到當代 鄭樹森著
⑥9嚴肅的遊戲 楊錦郁著
・當代文藝訪談錄
⑦0甜鹹酸梅 向明著
⑦1楓香 黃國彬著
⑦2日本深層 齊濤著
⑦3美麗的負荷 封德屏著
⑦4現代文明的隱者 周陽山著
⑦5煙火與噴泉 白靈著
⑦6七十浮跡 項退結著
・生活體驗與思考
⑦7永恆的彩虹 小民著
⑦8情繫一環 梁錫華著
⑦9遠山一抹 思果著
⑧0尋找希望的星空 呂大明著
⑧1領養一株雲杉 黃文範著
⑧2浮世情懷 劉安諾著
⑧3天涯長青 趙淑俠著
⑧4文學札記 黃國彬著
⑧5訪草(第一卷) 陳冠學著
⑧6藍色的斷想 陳冠學著
・孤獨者隨想錄
⑧7追不回的永恆 彭歌著
A・B・C全卷
⑧8紫水晶戒指 小民著
⑧9心路的嬉逐 劉延湘著
⑨0情書外一章 韓秀著
⑨1情到深處 簡宛著
⑨2父女對話 陳冠學著

⑨③	陳冲前傳	嚴歌苓著
⑨④	面壁笑人類	祖　慰著
⑨⑤	不老的詩心	夏鐵肩著
⑨⑥	雲霧之國	合山　究著
⑨⑦	北京城不是一天造成的	喜　樂著
⑨⑧	兩城憶往	楊孔鑫著
⑨⑨	詩情與俠骨	莊　因著
⑩⓪	文化脈動	張　錯著
⑩①	桑樹下	繆天華著
⑩②	牛頓來訪	石家興著
⑩③	深情回眸	鮑曉暉著
⑩④	新詩補給站	渡　也著
⑩⑤	鳳凰遊	李元洛著
⑩⑥	文學人語	高大鵬著
⑩⑦	養狗政治學	鄭赤琰著
⑩⑧	烟　塵	姜　穆著
⑩⑨	河　宴	鍾怡雯著
⑪⓪	滬上春秋	章念馳著
⑪①	愛廬談心事	黃永武著
⑪②	吹不散的人影	高大鵬著
⑪③	草鞋權貴	嚴歌苓著
⑪④	是我們改變了世界	張　放著
⑪⑤	夢裡有隻小小船	夏小舟著
⑪⑥	狂歡與破碎	林幸謙著
⑪⑦	哲學思考漫步	劉述先著
⑪⑧	說涼	水　晶著
⑪⑨	紅樓鐘聲	王熙元著
⑫⓪	寒冬聽天方夜譚	保　真著
⑫①	儒林新誌	周質平著
⑫②	流水無歸程	白　樺著
⑫③	偷窺天國	劉紹銘著
⑫④	倒淌河	嚴歌苓著
⑫⑤	尋覓畫家步履	陳其茂著
⑫⑥	古典與現實之間	杜正勝著
⑫⑦	釣魚臺畔過客	彭　歌著
⑫⑧	古典到現代	張　健著
⑫⑨	帶鞍的鹿	虹　影著
⑬⓪	人文之旅	葉海煙著

131 生肖與童年　小民著　喜樂圖
132 京都一年　林文月著
133 山水與古典　林文月著
134 冬天黃昏的風笛　呂大明著
135 心靈的花朵　戚宜君著
136 親戚　韓秀著
137 清詞選講　葉嘉瑩著
138 迦陵談詞　葉嘉瑩著
139 神樹　鄭義著
140 琦君說童年　琦君著
141 域外知音　張堂錡著
142 遠方的戰爭　鄭寶娟著
143 留著記憶・留著光　陳其茂著
144 滾滾遼河　紀剛著
145 王禎和的小說世界　高全之著
146 永恆與現在　劉述先著
147 東方・西方　夏小舟著
148 嗚咽海　程明琤著

149 沙發椅的聯想　梅新著
150 資訊爆炸的落塵　徐佳士著

⑮ 沙漠裡的狼

白樺 著

像在冷冽的冬夜裡啜飲著濃烈的茶，感受一種在蒼茫大地上，心海澎湃的震顫。那麼地古老、深沈，剎時間，恍若置身廣闊的大漠，一回首，就是長城。這是金鼎獎作家又一直指人性，內容深刻的作品，請您在一個適合沈思的夜晚，漫步中國。

⑫ 風信子女郎

虹影 著

一本能深刻引起讀者共鳴的小說，其必然與人世現實生活有著緊密的關連。本書作者秉持著對人的命運的關切，遠勝於對以往藝術形式的關注，賦予了文學創作的生命。從本書作者對人物刻劃描述的過程中，可窺知作者對此一理念的堅守。

⑬ 塵沙掠影

馬遜 著

生命的旅途中，有許多可掌握的機運，但似乎一半早已註定……。馬遜教授從故鄉到異國求學，最後來臺定居，繼而與佛結了不解之緣。滿懷豐富的情感，細膩的筆觸，深刻的寫下了旅赴歐美等地之點滴情事，而念舊懷恩之情愫亦時時浮現於文中。

⑭ 飄泊的雲

莊因 著

歲月的洗禮，在人們內心深處烙印著痛苦、悲哀、快樂與美好的回憶。由於時代的變動、戰爭的摧折，作者歷盡滄桑的輾轉遷徙，使那些漂流不定、幻化多變的過往，煥發出人生的智慧。就讓我們乘著飄泊的雲，領會「知足常樂，隨遇而安」的生活哲理。

⑮⑤ 和泉式部日記

林文月 譯·圖

本書為日本平安時代文學作品中與《源氏物語》、《枕草子》鼎足而立的不朽之作。書中以簡淨的日記形式，記錄了一段不為俗世所容的戀情。優美的文字，纏綿的情詩，展現出愛情生活中細膩的起伏感受與歡愁，穿越時空，緊扣你我心弦。

⑮⑥ 愛的美麗與哀愁

夏小舟 著

愛情之於女人，常常是引誘飛蛾撲火的明燈，是絢麗的毒花，可女人偏偏渴望愛情。作者列舉許多男女的愛情、婚姻故事，郎才女貌未必幸福，摯情摯愛未必有緣，只是男人與女人之間如同萬物的規則，一物降一物，鹵水點豆腐，魔高一尺，道高一丈。

⑮⑦ 黑月

樊小玉 著

丁小玎隨著所在的中國公司到國外做勞務承包。因為是公司的英語翻譯，加上辦事勤快，見了人又總是一個柔柔和和的笑，於是很快就引起當地大部分男人的注意；而小玎能否在心儀的外交人員與愛慕自己的餐廳老闆間找到最後情感的歸宿？……

⑮⑧ 流香溪

季仲 著

作者透過一群「沿江吉普賽人」在流香溪畔發生的動人故事，牽引出現代觀念與傳統文化的價值矛盾、中日文化的碰撞衝突、人與自然的挑戰，以及善與惡的拉扯等；全書行文時而如行雲流水，時而又如波濤洶湧，讀來意趣盎然，發人深省。

⑲ 史記評賞

賴漢屏　著

司馬遷《史記》一三〇篇，既是「究天人之際，通古今之變」的史學鉅著，也是我國古代傳記文學的精華。本書作者自幼即喜讀《史記》，從師學習，如今蘊藉已深，以其深厚的治學基礎，發為見解獨具的文采丰華，帶領讀者一探《史記》博雅的世界。

⑯ 文學靈魂的閱讀

張堂錡　著

文學的力量使孤寂的心靈得到慰藉，貧乏的人生變得富有，唯有肯駐足品味的人才能透晰其所傳達出最深藏的祕密。本書共分三輯，窺視文學蘊含的殷情深意；感受其求新求變以及對大環境的價值。各自激發不盡的聯想與深沈的感動。

⑯ 抒情時代

鄭寶娟　著

在平淡無奇的生活中，你可曾留意生命中點點滴滴不平凡的小故事？作者以其平實的筆觸，刻劃出看似平凡卻令人難以遺忘的人生軌跡，你我都可能身在其中。書中情節所到之處，或許平凡、或許悲傷，但卻也不時充滿著生命的躍動，值得細細體會。

⑯ 九十九朵曇花

何修仁　著

人生有多少夢境會在現實中重複出現？是山間的樵歌？白雲間的群雁？還是昔日遠方純樸、悠閒的鄉間漫步？作者來自屏東，以濃郁深摯的筆調，縷縷細述人生中最動人的記憶，伴隨你我，步履於南臺灣的舊日情懷，一同感受人間最純摯的情感。

⑯③ 說故事的人

彭歌 著

這是作者多年來觀察文壇、社會與新聞界的肺腑之言。輯一故事與小說自不同角度探討小說寫作；輯二人與文刻劃出許多已逝人物卓然不凡的風範；輯三海外生涯則寫遊記、觀賞職籃等旅居海外之觀感。讀了此書，彷彿親身經歷了一趟時空之旅。

⑯④ 日本原形

齊濤 著

從明治維新以來，日本的一舉一動都對世界有著深遠的影響，尤其對臺灣來說，其影響更是巨大。作者長期旅日，摒除坊間「媚日」或「仇日」的論調，以客觀的描述，剖析日本的現形。對想要了解日本時勢與脈動的人來說，是不得不看的一本好書。

⑯⑤ 從張愛玲到林懷民

高全之 著

作者以嚴謹誠虔的態度，客觀分析的筆調，來評論臺灣當代小說，深深讓讀者了解近代文學的特點，進而深入九位作者的作品中，提供一些深刻的創見，帶領你我欣賞文學的美與實，進而體驗文學對生命喜悅、悲哀等生動的描述。

⑯⑥ 莎士比亞識字不多？

陳冠學 著

莎士比亞識字不多！一直以來被誤認是個偉大的作者。讀過本書，應能還莎士比亞一個清白，他絕對不是一個掠美者。這把聖火在臺灣重新點燃，希望將來這聖火能夠由臺灣再度傳回英國，傳到世界各地，也好讓莎士比亞的靈魂得到真正的安息。

⑯⑦ 情思・情絲

龔華 著

「妳，像野薑花；清香，混合在黎明裏，催我甦醒。沒有妳，我睜不開眼睛，走進陽光的世界。她，是我在黃昏裏，永遠踩不到的影子。像夜來香，惑我走進黑夜的濃郁……」本書集結了龔華在〈中副〉發表的散文，篇篇情意真摯，意境深遠，值得細細品味。

⑯⑧ 說吧，房間

林白 著

一個是離婚、失業的中年婦女，一個是愛熱鬧的單身貴族。兩個背景、個性迥然不同的女子，為何會發展出一段患難與共的交情？且看兩個女子的心情告白。本書在作者犀利細膩的筆調下，深刻描繪出都會女子的愛恨情仇、悲歡離合，值得細細品味。

⑯⑨ 自由鳥

鄭義 著

六四事件的悲憤情緒才剛平復，對八九民運功過的批判聲音竟已隨之響起。對此，大陸流亡作家鄭義，以一幕幕民運歷程與鐵幕紀實，申訴著他的心痛與不平。文中流露對同胞的關懷和自由的嚮往，深深地牽引著每一個中國人心中的沈痛與感動。

⑰⓪ 魚川讀詩

梅新 著

詩是抒情的天堂，但並非每個人都能領會其中的意涵。本書是梅新先生的遺作，首創以雜文式的筆調評論詩作，不依恃理論，反而使篇章更形活潑，有就事論事的評述，也有尖銳的諷喻，語帶機鋒，趣味盎然。引領您一窺知性與感性的詩情世界。

⑰1 好詩共欣賞

葉嘉瑩 著

本書作者葉嘉瑩教授，融會西方接受美學、符號學及中國詩論，來解讀陶淵明、杜甫、李商隱的作品，分析了三人作品的形象、情意和其中所含的隱微深意，並從興發感動讀者的角度來詮釋作品的成功與否，是喜愛古典詩的讀者不可錯過的好書。

⑰2 永不磨滅的愛

楊秋生 著

現代人的生活壓力大，使得人生危機四伏，生活充滿徬徨、疲倦和無力感。如何化解此一危機？作者以多年學佛的體驗，以及和家人朋友互動的點點滴滴，而了解到愛的真義，並希望能將愛分享給每個人，以重燃信心和希望。

⑰3 晴空星月

馬遜 著

大崙山上，晴空萬里，夜色如銀，星月交輝。作者因佛緣，追隨曉雲法師的步履，出掌華梵大學，以發揚佛教教育為己任。本書除叮嚀青年學子的話語外，還有對社會大眾闡發佛法精神的演講。其智慧的話語，如醍醐灌頂，為淨化心靈的一帖良方。

⑰4 風　景

韓秀 著

韓秀，一個出生於紐約，卻長年往返於世界各地的奇女子。在雅典、在開羅、在布達佩斯、在臺北、在高雄、在北京，作者皆能以其敏銳的心觀察她所造訪過的每一寸土地，以其向具纖細的筆觸，使一幅又一幅的動人「風景」躍然出現在您的面前！

⑰⑤ 談歷史 話教學

張元 著

作者以二位高一新生對歷史課程的困惑為引子，藉著師生座談對話的方式，從北京人時代到西晉，針對高中歷史教材，試圖以「史料閱讀」的方法鮮明地建構各代的歷史圖像，在活潑的對白間既談歷史意涵又話歷史教學，相當適合高中教學的參考。

⑰⑥ 兩極紀實

位夢華 著

任何人想要親臨兩極之地恐怕都不是件容易的事。作者因從事研究工作之便，足跡跨越兩極，將在極地所見所聞之動物奇觀、自然景致乃至當地所受文明衝擊，或以幽默輕鬆，或以深沈關懷的筆調娓娓道來，是無緣親至極地的讀者絕不可錯過的佳作。

國家圖書館出版品預行編目資料

日本原形／齊濤著. -- 初版. -- 臺北市：三民，87
面； 公分. --(三民叢刊;164)
ISBN 957-14-2667-9 (平裝)

1.民族性-日本

535.731 86009105

國際網路位址 http://sanmin.com.tw

著作人 齊 濤
發行人 劉振强
著作財產權人 三民書局股份有限公司
臺北市復興北路三八六號
發行所 三民書局股份有限公司
地 址／臺北市復興北路三八六號
電 話／二五〇〇六六〇〇
郵 撥／〇〇〇九九九八——五號
印刷所 三民書局股份有限公司
門市部 復北店／臺北市復興北路三八六號
重南店／臺北市重慶南路一段六十一號
初 版 中華民國八十七年一月
編 號 S 85403
基本定價 肆元貳角
行政院新聞局登記證局版臺業字第〇二〇〇號

ISBN 957-14-2667-9 (平裝)